高山正也 植松貞夫 監修
新・図書館学シリーズ ①

改訂
図書館概論

〈編集〉植 松 貞 夫 　　志 保 田 　務
　　　　寺 田 光 孝 　　永 田 治 樹
　　　　薬 袋 秀 樹 　　森 山 光 良
　　　　　　　　共 著

樹村房
JUSONBO

監修者の言葉

　1950年に成立した現「図書館法」により，わが国の図書館員の養成が本格的に大学レベルで実施され始めて以来，この約半世紀の間に，図書館をとりまくわが国の社会環境も，図書館も大きく変貌した。館数，施設，蔵書構成など，わが国の図書館環境の整備は世界に誇れる大きな成果ではあるが，図書館サービスそれ自体の水準は日本社会の歴史的，社会的な通念を始め，多くの要因のために，未だ世界の第一級の水準とは言い難い面もある。しかし情報社会の到来を目前に控え，新しい時代の情報専門職にふさわしい，有能で，社会的にリーダーシップのとれる図書館員の養成は社会的急務である。

　わが国の図書館職員，特に公共図書館職員の養成の主流となってきたのは，「図書館法」で定められた司書資格取得のための司書講習の規定であった。この司書講習や講習科目に基づく司書課程を開講し，図書館職員の養成にかかわる大学数も，受講する学生数もこの約半世紀の間に激増した。このような状況の下で，司書養成の内容の改善も両三度図られた。教育の改善は，教育内容と教育時間の両面での充実が考えられるが，今回(1996年)の改訂では，実質的な図書館学の教育時間の増大は図られなかったに等しい。このため教育科目の再構成と各科目内容の充実をもって，司書養成の充実を図ることとなった。ここに「図書館法施行規則」の改正による教育科目の再構成が行われたが，一方，各科目の内容の充実は開講校と科目担当者に委ねられることとなった。

　このために図書館学の新教育科目群に対応し，科目担当者の努力を助け，補完し，併せて受講者の理解を深め，学習効果を高めるために，充実した各科目専用のテキスト・教材の整備が，従来に増して，必要不可欠になった。

　わが樹村房の「図書館学シリーズ」は昭和56年の刊行以来，わが国の司書養成のための図書館学のテキストとして，抜群の好評を博し，版を重ねた実績をもつ。そこで今回の司書養成の新教育体制への移行に際し，省令の新科目群に対応した「新・図書館学シリーズ」を刊行することとした。

「新・図書館学シリーズ」の刊行にあたっては，基本的に旧「図書館学シリーズ」の基本方針を踏襲した。すなわち，「図書館学は実学である」との理念の下にアカデミズムのもつ観念的内容とプロフェッショナリズムのもつ実証的技術論を統合し，さらに網羅すべき内容を大学教育での時間の枠に納める調整も行った。また養成される司書には，高学歴化，情報化した社会における知的指導者として，幅広い一般教養，語学力，さらに特定分野の主題専門知識も期待されている。本シリーズでは，この困難な要求に応えるべく，単独著者による執筆ではなく，教育と実務の両面について知識と経験を有する複数の著者グループによる討議を通じて執筆するという旧シリーズの方針を踏襲することとした。

　幸いにして，この方針は出版者，木村繁氏の了承されるところとなり，旧「図書館シリーズ」の編集・執筆に携わった人々の経験と旧シリーズの伝統に加え，さらに新設科目や，内容の更新や高度化に対応すべく，斯界の中堅，気鋭の新人の参加をも得て，最新の情報・知識・理論を盛り込み，ここに「新・図書館シリーズ」第一期分，12冊を刊行することとなった。

　本シリーズにおける我々の目標は，決して新奇な理論書に偏さず，科目担当者と受講者の将来の図書館への理想と情熱を具体化するため，正統な理論的知識と未知の状況への対応能力を養成するための知的基盤を修得する教材となることにある。本シリーズにより，来るべき時代や社会環境の中での求められる図書館職員の養成に役立つテキストブックが実現できたと自負している。また，併せて，本シリーズ，学生諸君のみならず，図書館職員としての現職の方々にもその職務に関する専門書として役立つことを確信している。読者各位の建設的なご意見やご支援を心からお願い申しあげます。

　　1997年7月　　　　　　　　　　　　　　監修者　前島　重方

　　　　　　　　　　　　　　　　　　　　　　　　　高山　正也

改訂版の序文

　本書は，新・図書館学シリーズ第1巻として，平成10(1998)年3月に刊行された初版から，執筆者および記述内容を一新した改訂版である。改訂にあたり当初は両監修者で，執筆者を決定してからは執筆陣を交えて検討を重ね，基本を以下の3点とした。

　(1) 初版からの7年間における，デジタル情報化の進展およびインターネット上の情報資源の増大による電子図書館機能の多様化など，図書館と情報をめぐる環境の急速かつ大きな変化に即した内容とする，(2) 章ごとのねらいと相互の関係性を一層明瞭にする，(3) 本シリーズの第1巻であり，多くの課程等において「図書館概論」は最初に学ぶ科目とされることから，図書館と図書館学の世界への導入書として，その構成・概要・課題等につき，1年次生にもわかりやすく，興味と学習意欲を喚起できるものとする，ことである。

　執筆の分担は，「図書館とはなにか」を扱う第1章と「図書館をシステムとして捉える」第2章を永田，「図書館の種類，機能と課題」に関する第3章と「専門職員」を中心とする第7章を志保田，「法・制度と行政」に関する第4章を薬袋，「図書館の相互協力とネットワーク」についての第5章を実務に精通する岡山県立図書館の森山，近代を中心とする「図書館の歴史」の第6章を寺田，そして図書館学と図書館情報学についての第8章を植松，である。

　読者には，学習に並行して，まず大学図書館そして町の図書館の常連になることを求めたい。利用体験を重ね，現実の図書館で，なにが，どのように行われているかについて知るにつれ，本書の理解はさらに深いものとなるであろう。

　幸い，執筆者に適任者を得て納得がゆく改訂版を上梓することができたと考えているが，それは樹村房木村社長はじめスタッフの支援の賜物である。

　さらなる改良にむけ，読者各位，科目を担当される先生方のご批判・ご助言をお願い申し上げます。

2005年3月　　　　　　　　　　　　　　　　執筆者代表　植松　貞夫

序　　文　(初版)

　本書の特徴は，図書館，図書館・情報学のおよそについて平易に記述していることであろう。この方針の上に，「概論」にふさわしく，つとめて理論をもとめ，議論をたたかわす方向を求めた。

　監修者が述べているとおり，1996年の「図書館法施行規則」の改正にもとづき，司書・司書補講習会の科目が変更された。司書コースの科目，「図書館通論」が「図書館概論」に転じたことが，こうしたタイトルのテキストが生まれた外的要因だった。ただし，親版である中村初雄・前島重方・高橋和子著『改訂　図書館通論』(1988)が次なる改訂の時期を迎えていたことも確かであり，それが本書の成立の内的要因となっている。

　ところで，もとの「通論」と今般の「概論」との違いは冒頭に記したような微差にとどまることから，実質的には第3版にあたる当出版は，中村初雄先生が最初に築かれた図書館哲学を踏襲するものである。ただし，現代に即応した項目とデータの記述に遺漏がないよう心がけることに大半のエネルギーを注いだ。それが現実であるが，とにかくも，内容を新しくしたということで，旧シリーズの『図書館通論』同様のおつきあいを賜るようお願い申し上げたい。

　この編集は，中村初雄先生が手を引かれ，前島重方教授によって始められたが，昨年秋以降，前島先生の活動が停止した。しかも，先輩共著者たちも極度の多忙にあった。そうしたことから，本シリーズでは新参の分担執筆者に過ぎない私が，急拠，編集の責めを負う羽目に陥った。この難局にあたって多くの方から心温まる励ましをいただいた。こうしたご厚意がなければ，本書をいまの時期に上梓することはできなかったであろう。深く御礼申上げる。

　そうしたなか，急拠，本編の著者陣に加わっていただいた高山正也監修者，また樹村房の熱意・奮闘もあって，なんとか編集を終えることができた。

　遅延について，本書をご利用下さる方々に，心よりお詫びしたい。

　　1998年3月15日

　　　　　　　　　　　　　　　　　　　　　　　執筆者代表　志保田　務

「図書館概論」　も　く　じ

監修者（シリーズ）の言葉……………………………………………… i
改訂版の序文……………………………………………………………… iii
序文………………………………………………………………………… iv

第1章　図書館の意義，果たす役割………………………………… 1

1．図書館とはなにか…………………………………………………… 1
(1) さまざまな図書館……………………………………………… 2
　a．ブックスタートから児童サービスへ（2）
　b．学校図書館（2）　　c．大学図書館（3）
　d．公共図書館（4）　　e．専門図書館（5）
(2) 図書館の意義…………………………………………………… 7
　a．情報メディアの収集（8）　　b．共同利用（9）
(3) 三つの機能モデル……………………………………………… 10
　a．収蔵モデル（12）　b．利用（ランガナータン）モデル（13）
　c．資源共有モデル（14）

2．図書館の位置づけ………………………………………………… 16
(1) 図書館とコミュニティ………………………………………… 16
　a．公共性と公共財（16）
　b．コミュニティとの結びつき（17）
(2) 図書館の価値…………………………………………………… 19
　a．図書館の価値の分類（20）　b．図書館の自由（21）
(3) 図書館の四つの強み…………………………………………… 22
　a．場所（23）　　　b．資料の蓄積（25）
　c．サービス（27）　d．職員（28）

第2章　図書館のしくみ……………………………………………… 30

1．図書館のシステム構成…………………………………………… 30
(1) システムという見方…………………………………………… 30

(2) システムの構成要素……………………………………32
　　　　a．資料（32）　　　　b．施設・設備（33）
　　　　c．図書館職員（34）
　　(3) 図書館システムに密接に関わる上位システムの要素………35
　　　　a．図書館利用者（36）
　　　　b．図書館のステークホルダー（関係する人々）（38）
　　(4) 図書館システムの活動…………………………………39
　２．これからの図書館………………………………………40
　　(1) 情報化の進展……………………………………………41
　　(2) 電子図書館………………………………………………43
　　(3) ハイブリッド・ライブラリー…………………………46
　　　　a．図書館ポータル（46）　　b．場としての図書館（49）

第3章　図書館の種類，その機能と課題……………………51

　１．パブリック・ライブラリー（公立図書館）………………51
　　(1) UNESCO Public Library Manifesto（52）
　　　　a．UNESCO Public Library Manifesto1949（52）
　　　　b．UNESCO Public Library Manifesto1972（53）
　　　　c．UNESCO Public Library Manifesto1994（53）
　　(2) 図書館法（1950年法律118号）のもとの図書館：
　　　　　　　　日本のパブリック・ライブラリー…………55
　　(3) 公立図書館の地殻変動…………………………………62
　　(4) パブリック・ライブラリーの課題……………………64
　２．大学図書館………………………………………………66
　　(1) 日本の大学図書館：概説………………………………66
　　　　a．国立大学法人附属図書館（67）
　　　　b．公立大学図書館（68）　　c．私立大学図書館（68）
　　　　d．短期大学図書館（68）　　e．高等専門学校図書館（70）
　　(2) 大学基準と図書館改善要項……………………………70
　　(3) 大学図書館の今後の課題………………………………71

3．学校図書館……………………………………………………………71
　　　(1) 学校図書館法（1953）のもとの学校図書館：
　　　　　　　　　　日本の学校図書館………………………………………73
　　　(2) 学校図書館の課題………………………………………………75
　　　(3) 学校図書館と公共図書館の連繋………………………………76
　4．専門図書館…………………………………………………………………77
　　　(1) 専門図書館の概要………………………………………………77
　　　(2) 専門図書館協議会………………………………………………78
　　　(3) 専門図書館の課題………………………………………………78
　5．国立国会図書館……………………………………………………………79
　　　(1) 国立図書館の意義，機能………………………………………79
　　　(2) 国立図書館の現代と沿革：その概要…………………………79
　　　　日本…………………………………………………………………79
　　　　　a．国立国会図書館（79）
　　　　　b．関西館と国際子ども図書館（84）
　　　　　c．国立国会図書館以前のわが国の国立図書館（85）
　　　　アメリカ……………………………………………………………85
　　　　イギリス……………………………………………………………86
　　　　ドイツ………………………………………………………………86
　　　　フランス……………………………………………………………86
　　　(3) 国立図書館の課題………………………………………………86

第4章　図書館に関する法律と行政……………………………………………88

　1．図書館の法的環境…………………………………………………………88
　　　(1) 図書館関係法規の体系と構成原理……………………………88
　　　　　a．図書館関係法規の体系（88）
　　　　　b．図書館関係法制の構成原理（90）
　　　(2) 憲法と教育基本法………………………………………………90
　　　　　a．憲法（90）　　　b．教育基本法（91）
　　　(3) 図書館に関する三つの法律……………………………………92

　　　　　a．国立国会図書館（92）　　b．図書館法（93）
　　　　　c．学校図書館法（94）　　d．大学図書館関係法規（94）
　　（4）その他の法律……………………………………………………95
　　　　　a．著作権法（95）
　　　　　b．子どもの読書活動の推進に関する法律（96）
　　　　　c．文字・活字文化振興法（96）
　　（5）公立図書館に関連する法律……………………………………96
　　　　　a．公立図書館にかかわる法体系（96）
　　　　　b．社会教育法（97）　　c．地方自治法（99）
　　　　　d．地方教育行政の組織及び運営に関する法律（100）
　　（6）図書館法の特徴 ………………………………………………100
　　　　　a．図書館法の評価（100）　　b．主な条文の趣旨（101）
2．図書館の行政……………………………………………………………103
　　（1）国レベルの図書館行政 ………………………………………103
　　　　　a．教育行政の三つの作用（103）
　　　　　b．文部科学省と他省庁・国立国会図書館（104）
　　　　　c．図書館行政と情報政策（105）
　　　　　d．文部科学省の図書館行政組織（105）
　　　　　e．文部科学省の図書館行政関係審議会（107）
　　　　　f．各館種の図書館基準（108）
　　　　　g．文部科学省の公立図書館行政（108）
　　（2）都道府県レベルの公立図書館行政 …………………………110
　　　　　a．教育機関と教育行政機関（110）
　　　　　b．図書館行政の歴史と現状（111）
　　（3）地方公共団体レベルの公立図書館行政 ……………………112
　　（4）図書館行政に対する取り組み ………………………………112
　　　　　a．図書館行政に対する取り組みの課題（112）
　　　　　b．公立図書館行政に対する取り組みの課題（113）
　　　　　c．図書館政策確立のための課題（114）
　　　　　d．図書館政策の財源（114）

第 5 章　図書館協力とネットワーク……………………………115

1．図書館協力とネットワークについての基本理解……………116
（1）用語の整理………………………………………………116
　a．図書館協力（116）　　b．図書館ネットワーク（116）
　c．図書館コンソーシアム（117）
（2）法的根拠…………………………………………………117
　a．「図書館法」（117）
　b．「公立図書館の設置及び運営上の望ましい基準」（118）
　c．「学校図書館法」（119）
（3）図書館協力とネットワークを考える枠組み……………119
　a．組織間関係（120）　　b．館種（120）
　c．地理的範囲（空間的範囲）（121）

2．対象業務（サービス）の具体例………………………………122
　a．[図書館] 相互貸借（122）
　b．[図書館] 相互利用（123）
　c．協力レファレンス（123）
　d．[共同] 分担目録作業（124）
　e．集中目録作業（124）　　f．総合目録（124）
　g．分担収集（125）　　h．分担保存（125）

3．類縁機関との協力とネットワーク……………………………126
（1）公民館……………………………………………………127
（2）生涯学習推進センター（生涯学習センター）…………127
（3）博物館……………………………………………………128
（4）文書館……………………………………………………128
（5）類縁機関との協力とネットワークの課題と解決指針……129

第 6 章　図書館の歴史………………………………………………130

1．古代より近世に至る図書館の形成……………………………130
　a．古代の学術図書館（130）

    b．中世大学図書館の形成（130）
    c．ルネサンス期の王侯図書館（131）
 2．近代図書館成立への胎動 …………………………………………131
    a．読書材の供給（131） b．読書層の拡大（132）
    c．読書施設の出現（132）
    d．新大陸アメリカの図書館（134）
 3．近代図書館の成立 ……………………………………………………136
    a．国立図書館（137） b．大学図書館（139）
    c．公共図書館（139）
 4．近代以降の日本の図書館 …………………………………………142
 5．20世紀及び現在の図書館 …………………………………………145
    a．国際協力（145） b．国立中央図書館の再編（146）
    c．現在の課題（146）

第7章　図書館職員と図書館専門団体 …………………………………148

 1．図書館職員 ……………………………………………………………148
  (1)　図書館員の資質と資格付与制度 ………………………………148
    a．図書館員の資質（148）
    b．図書館の"専門的職員"（149）
    c．"専門的職員"と司書の専門性（149）
    d．専門職論と司書職（150）
    e．わが国における図書館職員の専門性，専門制度の停滞
                      （151）
  (2)　図書館員養成 ………………………………………………………152
    a．図書館専門職資格付与制度（152）
  (3)　有資格者の採用の諸相 …………………………………………156
    a．公立図書館の採用（156）
    b．学校図書館職員の採用（157）
    c．大学図書館職員の採用（157）
  (4)　図書館員の倫理綱領 ……………………………………………157

(5) 研修会，研究会，職場内研修 …………………………157
　2．図書館関係団体 ………………………………………………158
　　(1) 国際的図書館団体 …………………………………………158
　　　　a．国際図書館連盟 (158)
　　　　b．その他の関連国際団体 (159)
　　　　c．地域別団体 (159)
　　(2) 図書館協会 …………………………………………………159
　　(3) 日本の図書館団体 …………………………………………161
　　　　a．日本図書館協会 (161)
　　　　b．各種図書館協議会 (162)
　　(4) 学会，研究会（図書館関係団体）…………………………164

第8章　図書館学，図書館情報学 ……………………………………167

　1．図書館学とは …………………………………………………167
　　(1) 図書館学の特性 ……………………………………………167
　　(2) 図書館学の定義 ……………………………………………169
　　(3) 図書館情報学への拡張 ……………………………………170
　2．図書館情報学とは ……………………………………………172
　3．近年の方向 ……………………………………………………173
　4．図書館学を学ぶ目的 …………………………………………175
　　(1) 図書館職員になる …………………………………………176
　　(2) 生涯学習の基礎的知識・技術を身に付ける ……………177
　　(3) 研究者を目指す ……………………………………………177

参考文献 ………………………………………………………………179
資料1　公立図書館の設置及び運営上の望ましい基準 ……………181
資料2　図書館法 ……………………………………………………186
資料3　ユネスコ公共図書館宣言1994年 …………………………189
さくいん ………………………………………………………………192

第1章 図書館の意義，果たす役割

1. 図書館とはなにか

　わが国の公共(立)図書館の登録率(設置市区町村の奉仕対象人口当たりの館外個人貸出登録率)は，全国平均で36.9％である。[1] 大ざっぱに言えば，国民の3人に1人程度は図書館となんらかのつながりがあるというわけだ。もっと高い値を示す北欧の国々や 英米などには及ばないが，この数字を見るかぎり，わが国でも図書館はわれわれの生活の中に急速に浸透してきたといってよい。

　人々は日々の暮らしの中で，評判の高い本を探しにいったり，あるいはほっとするひとときを求めに図書館に足を向けたりする。週末には，親子で出かけて絵本や読み物，そして趣味やビジネスの本を借りてくることもあろう。図書館を調べものや仕事の場だと考えている人もいる。図書館に対する人々の関心や要求はさまざまである。

ハイブリッド・ライブラリー

暖炉のある雑誌スペース

---

1) 日本図書館協会図書館年鑑編集委員会：図書館年鑑2006　日本図書館協会　2006　p.263.

（1）さまざまな図書館

生後まもなくからそれぞれのライフステージで人々が出会う図書館やその活動には，次のようなものがある。

a．ブックスタートから児童サービスへ

最初の本との出会いは，「ブックスタート」のプログラムが実施されている地方自治体の住民ならば，そのパックに入っている絵本であろう。ブックスタートは，地域の保健センターで行われる0歳児健診で赤ちゃんと保護者を対象に絵本などが入ったブックスタート・パックを手渡し，「赤ちゃんの心を健やかに育むために，また保護者の子育て支援」として展開されている活動である。この運動は，1992年にイギリスのブックトラストという団体が始めたものだが，またたく間にわが国でも広がり，2006年11月30日現在ですでに596の自治体（全市区町村数）1,840で実施されている。[1]

その後にくるのは，親が買ってくれた絵本か，連れられて訪れる公共図書館の児童サービスだろう。図書館では勢いよく子どもたちが閲覧室に走りこみ，本棚から気に入った絵本を取り出し，親に読んでもらおうとせがんでいる光景が見られる。ときには，読み聞かせのコーナーで図書館員から読んでもらったりするかもしれない。

また，わが国には子どものための文庫というものが3,000余りもある。[2] 文庫運動は，図書館のサービスが整備されない場所で住民が自主的に始めた活動である。図書館として数えられてはいないが，子どもの読書を支えている。

b．学校図書館

小学校や中学校・高等学校には学校図書館がある。上述のような児童サービスを利用する機会をすべての人がもつわけではなく，学校図書館が図書館利用

1）特定非営利活動法人　ブックスタート　http://www.bookstart.net/
2）吉田右子：1960年代から1970年代の子ども文庫運動の再検討　日本図書館情報学会誌
　　Vol.50, no.3　2004　p.103.

の最初の経験だという人も多い。また，積極的に課外活動として学校図書館に関わったという経験のある人もいよう。

　学校図書館は，学校（盲学校，聾学校及び養護学校を含む）の「教育課程の展開に寄与するとともに，児童又は生徒の健全な教養を育成することを目的として」（学校図書館法第2条）設置されている。児童・生徒の学習の手助けをする図書館だが，もちろん，学校図書館には教育を担(にな)う教員向けのサービスもある。

　近年，教育改革の一環として学校図書館の役割が重視されるようになり，1997年に「学校図書館法」の大幅な改正が行われた。学校図書館は，改めて児童・生徒が学ぶための教材・メディアを確保し，情報化社会におけるリテラシーを身につける場として位置づけられることとなった。それとともに学校図書館運営のための専門的職務を担う司書教諭の配置が12学級以上の学校では義務づけられた。

　また，教育課程に組み込まれた「総合的学習の時間」（生きる力の育成を目指し，それぞれの学校が創意工夫を生かして，これまでの教科の枠を超えた学習のための時間）は，各教科に割り振られた教室を中心とする定型的な学習ではなく，子どもたちのさまざまな体験を踏まえて，自らが問題を解決していくという「非定型学習」の一つである。非定型学習を推進するには，学校図書館や，学校図書館と連携をする公共図書館などの資料が，最も有用な教材となるであろう。図書館での児童・生徒の自主的な調べものや読書は大切な学習機会である。

c．大学図書館

　高等学校を修了して大学へ入ると，そこで受ける高等教育は図書館などにおける自己学習を前提とする。大学が提示する講義科目のシラバスに表示された教科書や参考資料は，図書館に確保されているであろう。その一部は指定図書（授業に沿って教員が指定した図書）として複数確保されており，それらを読んで授業を受けることが義務づけられる。また，大学図書館では，学生は自分

の関心のおもむくまま，これまで接してきた図書館とは比べものにならないほどの大きなコレクション（図書館が所蔵する資料の全体）から，気に入った資料を探すことできる。

　大学の図書館は，教育と研究のために設置されている図書館で，国の内外から必要な学術情報が収集されている。学術情報とは，学術研究の成果として生み出された情報，およびそれらが編集されて公表された情報で，図書館には学術文献として，古い歴史資料から最新のプレプリント（論文になる前の資料）までさまざまな資料が収集される。

　また，学術情報のデジタル化（情報を通常は0と1のビット列で表現すること。アナログ情報と違ってデジタル情報は，信号を遠隔地に劣化なく送信することができることなどのメリットがある）は急速に進展している。電子ジャーナル（従来は印刷物として出版されていた雑誌の内容をデジタル化して出版したもの。なお，ジャーナルとは学術雑誌のこと）など書架ではなく画面で探し，該当の論文をPC（パーソナル・コンピュータ）のマウスでクリックして表示（あるいはプリント）して読む。また，研究文献を探索するために使う各種の書誌，目録，索引などは多くはデータベース化されている。

　大学図書館は，学生の学習，教員の授業の準備や研究のために日々活用される重要な情報基盤である。他の館種に比べると，大学図書館は一般にコレクションが大きく，開館時間が長く，他の大学図書館や国立図書館（ここは法定納本制度により国内出版物は原則としてすべて収集できている）との図書館間相互貸借（ILL : Inter-Library Loan という）の運用が高いといった特徴がある。

データベース（database）　　データ（data）とベース（base）の合成語で，系統的に整理・蓄積されたデータの集まりをいう。情報検索を目的としてコンピュータによって加工や処理される情報ファイル

---

d．公共図書館

　子どもから高齢者までの誰もが利用できる図書館，それが公共図書館であ

る。多くは近隣にある市や町や村の図書館で，人々が本を借りにきたり，リラックスできる共有の場だったり，ときには地域のサークル活動の支援をしてくれるセンターの役割を果たしている。

　わが国には現在，およそ2,800館余りの公共図書館が存在する。多くの公共図書館は，地方公共団体が設置する公立図書館である。公立図書館には，都道府県立図書館と市町村立図書館がある。公立図書館でない公共図書館は，設置者が国や地方公共団体でない私立図書館であるが，わが国にはわずかしかない。日本赤十字社や民法第34条で定める，いわゆる公益法人が設置するもので，図書館法の第3章にこれを規定している。近年，出現した非営利特定法人（NPO法人）による「高知こども図書館」なども，私立図書館ということになる。この図書館は，NPO法人の会員の会費や，助成金，寄付金あるいは法人の事業収入によって運営されている。

　多くの市町村に図書館がつくられているが，わが国にはまだ未設置の町や村がある（市部で1.8％，町村部で約53.4％）。[1] 都道府県立図書館の移動図書室(館)（ブックモービル）がそうした町村に訪問することもある。しかし図書館が設置されていない町村には，たいてい公民館やそれに類似する施設に図書室が設置されている。図書館サービスがそれによって十分に確保されているとはいえないが，公民館の他のサービスと合わさって特色のあるサービスを行っている場合もある。

　近年，情報通信技術の進展や社会の発展に伴って，人々の生活様式が多様化し，図書館の使い方，つまり図書館に求めるサービスやその内容が大きく変わってきた。このような変化に合わせて，図書館もいろいろな工夫をしている。たとえば，図書や雑誌だけでなく，CDやビデオなどを備えるようになった。今ではこの種の資料が備わっていない図書館の方が少ないし，図書館員も資料の貸出サービスだけではなく，読書案内やレファレンス・サービスにも応

1）日本図書館協会図書館年鑑編集委員会：図書館年鑑　2006　日本図書館協会　2006　p.256.

じてくれる。

　インターネット（通信技術の手順として TCP/IP を用いて全世界のネットワークを相互に接続した巨大なコンピュータ・ネットワーク）につなぎ，ネットワーク上にあるさまざまな情報（これを「ネットワーク情報資源」という）を閲覧できる PC のブースも，図書館のごく一般的な光景である。図書館員がネットワーク情報資源の入手のためのリンク集を独自に設定したりしている図書館もある。メニュー項目は，人々が求める要求に対応し，「ビジネス支援関連情報」，「生活に役立つ情報」，「キッズの情報」，「ヤングアダルト向けサイト」，「地域の情報」などで，無料で手に入るさまざまな情報を探すメニューを表示してくれる。

　また，新しい生活様式に合わせて夜間にも開館したり，資料の返却の便のために通勤駅に返却箱を設置したり，さらに図書館に行かなくてもウェブ・サイトを通じて自宅からも図書館サービス（蔵書検索や予約やレファレンスサービスなど）を利用できるようにするなどの便宜も図られている。

ウェブ（web）　　ワールド・ワイド・ウェブ（WWW）の略語。
欧州核物理学研究所（CERN）のバーナーズ - リー（Tim Berners-Lee）が 1989 年に考案したハイパーテキスト・マークアップ言語（HTML）で記述した文書（この中に画像や音声など文字以外のデータや，他の文書の位置を埋め込むことができる）あるいはそれをやりとりするサービスシステム。インターネット標準のドキュメントシステムとして 1990 年代中頃から爆発的に普及し，現在では世界規模での巨大な WWW 網が築かれている。ウェブがひとまとまりに公開されているものをウェブ・サイトという。

---

e．専門図書館

　専門図書館は，広い意味では，特定の専門分野に関する資料を収集し提供する図書館である。印刷図書館とか，食の図書館などや，統計の図書館など，その内容はさまざまな分野にわたっている。しかし専門図書館とは，一般に，学校図書館，大学図書館，公共図書館以外のものを想定しており，具体的には企

業や官庁，学協会などの図書館を指すといってよい。

　専門図書館は，したがって企業や官庁などがその業務を遂行する上で，研究開発，調査分析，企画立案のために必要な資料を収集し，それを組織内の構成員が利用するという設定となる。つまり，会社や官庁などの職場において，情報資源を確保し，それを共有しようというためのものである。このように，通常，専門図書館はきわめて限定的な目的で設置されており，また，外部へは非公開のことも多い。

　他方，そのような活動を通じて蓄積された資料は一種の社会的な資産としての価値をもつことから，企業などの社会貢献の一環として，それらを公開する専門図書館がある。これらの図書館は，特に限定された主題性（専門性）をもつことによって，それ自体の存在理由を有しているといえよう。

　わが国の専門図書館は，他の館種とは反対に，このところかなり減少している。専門図書館団体に加盟している機関は700機関ほどであるといわれていたが，現在，専門図書館協議会に加盟している館は約600機関になっており[1]，同協議会が調査し刊行している『専門情報機関総覧2003』に掲載されている機関の数でも，1990年代半ばの2,100機関から1,987機関に減少した。[2,3]

（2）　図書館の意義

　図書館の語源は，ラテン語のliber（本を意味する。ギリシャ語やロマンス語ではbibliotheca）[4]である。つまり，図書館はまずは本のコレクション（集積）であり，またその置き場所を意味する。そこから，図書館は施設として，コレクションを管理し利用に供するという機能を果たすものとなったといえよう。

　ヘレニズム文明の中心地であったアレクサンドリアに紀元前3世紀につくら

1）http://www.jsla.or.jp/about/mokuteki.html
2）図書館情報学ハンドブック編集委員会：図書館情報ハンドブック　第2版　丸善　1999　p.869.
3）専門図書館協議会：専門情報機関総覧　2003　丸善　2003　p.v.
4）Reitz, Joan M.: *Dictionary for Library and Information Science* Westport, Conn., Libraries Unlimited, 2004, p.404.

れた図書館は，王の命令によって多くの資料を収集してコレクションを形成し，またそれを利用に供するために，図書館長カリマコス（Kallimachos）が目録（pinakes）120巻を編纂したといわれている。

アレクサンドリアの図書館以来，図書館とは，それぞれの時代において，また時代を超えて，人間の記録された情報や知識を伝達するという役割を担って存在し続けている社会的な機関であると定義づけられる。

こうした図書館の展開において，一貫して図書館が維持してきた立場がある。一つは伝えるべき知識・情報およびそれを記録するメディア（媒体）の収集と，その共同利用である。

a．情報メディアの収集

経営学者マクドノウ（A. M. McDonough）は『情報の経済学（*Information Economics*）』において，データ・情報・知識の概念を整理している。それによれば，データは「評価されていないメッセージ」であり，また情報とは，「特定状況における評価された」データであり，知識は，「将来の一般的な使用に耐える」データだという。[1]

図書館は知識・情報を伝えるべきものとして収集してきた。知識や情報は生産されるとともに，図書など何らかのメディアに記録され，それによって受け手に伝達され，消費される。知識・情報自体は，メディアとは別のものだが，これまでの歩みにおいて，大方，このようにメディアと一体化していた。それを「情報メディア」と呼ぶならば，図書館は，情報メディア（「資料」）を収集し，管理に関わってきたのである。[2]

今日まで歴史上，知識・情報を記録した情報メディアとしては，その保存性の高さや扱いやすさから言って，紙が中心的な位置を占めてきた。図書館の収集対象（情報メディア）は，紙メディア中心だったといえる。

もう一点，決定的であったのは，グーテンベルクによる印刷技術の発明（15

1）McDonough, A. M., 長坂精三郎訳：情報の経済学と経営システム　好学社　1996　p.72-78.
2）上田修一・倉田敬子：情報の発生と伝達　勁草書房　1992　p.18.

世紀）である。それにより知識・情報が容易に複製でき，多くの人々に知識・情報を一挙に伝えることができるようになった。言い換えれば，印刷物という情報メディアの急速な普及とともに，図書館も大きく成長したのであり，図書館とはこうした情報の複製技術を基盤に文化の担い手としての位置を築いたものである。

　紙・印刷メディアに特化してきたことは，図書館発展の大きな牽引力の一つでもあった。しかし現在急速に進展しつつある情報通信技術の革新によって，紙や印刷を用いない情報伝達技術が，情報の流通の仕組みに影響を及ぼしつつある。このことが，今後の図書館のあり方に本質的な変更をせまることは不可避であろう。情報メディアが電子化するというシナリオにおける図書館の展開については，第2章の2 (p.40)に「これからの図書館」として改めて触れる。

b．共同利用

　図書館は，人間の知的生産物である資料を収集し提供する社会的機関である。社会的というように，図書館では資料を人々の間で共同利用する。資料が共同利用できれば経済的でもあり，事業にかかる経費が縮小され，社会は図書館を支えやすい。

　共同利用は，同時代的には人々による資料の分かち合いであり，歴史を通じてみれば，図書館に蓄積された資料を別の時代の人々が共有することでもある。しかし，図書などの印刷メディアは同時の共同利用が難しい。多くの需要が殺到するならば，もう1冊以上の同一の図書（複本）を備えねばならない。資料を供給（図書館からの図書などの提供）面から考えると，一定部数の資料で適切な共同利用を展開するには，利用が競合しないように，適切な人口規模・範囲（コミュニティ）ごとに図書館が設置される必要がある（公共図書館が，各市町村に設置されたり，学校・大学図書館がそれぞれの機関ごとに設置されたりすることになる）。

　しかし，一つのデジタル・ビデオ・ディスク（DVD）の情報サーバー（コンピュータ・ネットワークにおいて，自身の持っている機能やデータを提供す

るコンピュータのこと）があれば，何人もの人がその映像を同時に見られる。情報技術の進展によって同時利用が可能になれば，図書館のあるいは図書館資料の配置のあり方は再検討を要することになろう。

　ただしこの点に関しては，もう一つの側面を考慮しておかねばならない。人々の需要（図書館への要求）の大きさの問題である。共同利用が成立するには，一定規模の需要の存在が前提であり，それが財政基盤を支えるコミュニティの図書館設置を正当化する。コミュニティの人々の図書館への需要の範囲で供給がバランスするのである。

　コミュニティ（community）　　一般に地域社会，共同社会，共同体などをいう。地域性と共同性という二つの要件を中心に構成されている社会のことである。また，この意義を拡張して，地域社会だけではなく，学校，大学，職場など同じように共同性を構成するものや，学界とか業界とかといった地域性が必ずしもはっきりしていないものも，共同性をもつ人々のコミュニティに含むことができる。近年では，情報ネットワークが拡大し，ネットワーク上に多くのコミュニティに類似したものが出現している。

　この意味で，図書館はコミュニティのあり方に影響を受ける。本章の（1）でみたように，それぞれのコミュニティ（地域社会，学校，大学，職場など）の共同利用の需要に応じて，さまざまなタイプの図書館（公共図書館，学校図書館，大学図書館，専門図書館など）が設置されている。また，図書館はそれぞれのコミュニティの人々の需要，すなわち，ニーズの大きさや内容を把握して運営することが重要である。

（3）　三つの機能モデル

　図書館のはたらきは，基本的に資料を収集し提供することである。このことは，あらゆる館種にわたって共通する。ただし，図書館はその状況に応じて，たとえば資料の収集・蓄積に主眼がおかれることもあれば，利用が重視されることもある。図書館の機能がどのような方向に向け展開されるかを，ブロッ

図書館ってどんなところ

　新たに生を受けた子どもたちの誰にも，生まれながらに具わっている権利として，一生の間，本，音楽，映画はもとより，ワールド・ワイド・ウェブでさえ利用が保証される場所を思い浮かべてみてください。何千万冊の本，ビデオ，CD が，生涯こころよく利用できるように用意されています。

　誰に問いただされることもなく入っていけて，コンピュータの前に座り，出版された本ならほぼどんな本でも，見つけたりリクエストしたりでき，無料で家に持って帰れるところを思い浮かべてみてください。

　お店ではないけれど，人々が求めるぴったりの，講習，情報，映画，音楽など，デパートみたいにいろんなものがあるところ。情報の宝の山。たとえば，あなたの家系や住んでいる家の知られざる歴史をひもとくのに，スタッフがすぐに力を貸してくれます。

　職業相談やオンラインの職探しのアドバイスも受けられ，支払いや役所の書類の書き方も，スタッフに助けてもらえます。

　学校ではないけれど，どんなスキルもいろんなやり方で教えてくれるように頼めます。額縁をつくるグループに入ることから，難しいソフトウェア・プログラムをつくるオンライン講習に参加することまで。

　もし家から出られなくて，こういうところに行けないなら，スタッフやボランティアが来てくれます。頼んだ本や映画や新聞やテープや，無料のパソコンを持ってきてくれます。

　そしてここでは，多くのことは無料です。

　こういうところが国中にあります。公共図書館です。

　こういうことを，図書館は今，やろうとしているのです。

United Kingdom. Department for Culture, Media and Sport. *Framework for the Future : Libraries, Learning and Information in the Next Decade.* London, 2003. p.11

フィー（Peter Brophy）による区分を参考にして，三つのモデルにまとめてみよう。[1]

a. 収蔵モデル

図書館の最も基本的なあり方は，物理的なコレクションとしての図書館である。原型は，古代のアレクサンドリア図書館までさかのぼる。これを収蔵モデルと呼ぶ。

このモデルの理想は，すべての出版物を残らず収集し，かつ収集したコレクションの永久的な保存である。現実にはこの理想は完全には実現しない。しかし，一定の範囲でこの目標が追い求められ，目標に近づくための努力が続けられてきた。

近代的な国家が成立する過程で，法的な義務として国内で出版された図書その他の出版物を特定の図書館に納める「法定納本制度」が整備され，ほとんどの国内出版物を国立図書館などが確保するようになったこと，また，大学図書館においてはその大学の携わる研究領域の優れた出版物を国の内外を問わず包括的に集めようとすること，あるいは，公共図書館ではその地方史の包括的なコレクションをつくろうとすることは，このモデルに該当する図書館のはたらきである。

第二次世界大戦後，米国議会図書館が11か国に事務所をつくり，全世界の学術研究上有用な資料を包括的に収集しようとした全米収書目録計画（National Program for Acquisitions and Cataloging：NPAC）も，このモデルに沿った挑戦的な試みであった。

他方，このようにして集められたコレクションは，整理せず山積みにしておくわけにはいかない。何を収集したか，それがどこに収納されているか記録しておく必要がある。膨大なコレクションの中で，それぞれの資料を固有なものとして同定するには，きちんとした目録が求められる。

1）Brophy, Peter: *The Library in the Twenty-First Century: New Services for the Information Age*. London, Library Association Publishing, 2001, p.39-49.

アレキサンドリア図書館のカリマコスや，大英博物館図書館のパニッツィ (Panizzi, Antonio Genesio Maria, 1797-1879) はいうに及ばず，その後の国立図書館や大学図書館などの図書館員が記述目録法の発展に寄与した。資料の組織化を進展させたことは，この収蔵モデルの図書館の特質である。

b．利用（ランガナータン）モデル

　これは，図書館の第1の役割が図書や雑誌などの資料への人々のアクセスを確保することだとして，それに向け図書館を機能させるモデルである。収蔵モデルの場合，資料の保存に主眼が置かれる。基本的に書庫内に資料が保存され，館外への持ち出しは制限された。ヨーロッパ中世には資料を閲覧させる際に，本に盗難を防止するための鎖をつけた図書館が存在した。

　しかし，会費制図書館（イギリスやアメリカで18世紀から19世紀に出現した図書館。その運営費が利用者の会費などでまかなわれた）や近代的な公共図書館の出現によって，図書館の利用面が重視されるようになった。図書館の資料は利用されるために集められるのであり，こうした認識が高まるにつれて，しだいに利用の便宜が拡大され，資料へのアクセス規制は排除されるようになった。今日ではほとんどの場合，利用する人々が図書館の資料を自由に手にとることができるようになっている。

　この近代的な図書館の考え方を的確に表現しているのは，インドの図書館学者ランガナータン（Shiyali Ramamrita Ranganathan, 1892-1972）の図書館学の五原則である。

ランガナータンの図書館学の五原則（1931）

1. 本は利用するためのものである（Books are for use）
2. どの読者にも，その人の本を（Every reader his book）
3. どの本にも，その読者を（Every book its reader）
4. 利用者の時間を無駄にしない（Save the time of the reader）
5. 図書館は成長する有機体である（Library is a growing organism）

第5の原則は別として，この原則は，利用モデルにぴったり合致するものである。

1970年代から80年代にかけて，次に触れる図書館間相互貸借（ILL）の進展によって資料入手が拡大され，資料を所蔵しなくても利用できればよいとする立場と，そうした資料入手は必ずしも保証されるわけではないから資料を所蔵すべきだとする立場の論争「アクセスか所蔵か（access vs. holding）」が出現した。第1の収蔵モデルおよびこのモデルと次のモデルとの対立だともいえるが，双方は，相補関係にもあって，どちらか一方ということにはならない。

c．資源共有モデル

1960年代以降の出版物は急激に増大した。特に学術情報の増大は著しい。こうした増大は，学術研究の必然的な結果であり，その勢いはさらに拡大している。

しかし，この出版物の急増をカバーするだけ図書館予算が増えるわけではない。販売量が十分に得られず出版を維持することにより，出版物価格の高騰を招いている。この傾向は学術雑誌の価格においては最も激しく，ここ20年でその価格は167％（したがって図書館の支出が，たとえば北米研究図書館協会加盟館統計では305％増）の上昇になっている。消費者物価指数上昇78％を差し引いても，およそ69％増である。[1] そして，この事態がさらに図書館の対応を難しくしている。

図書館は，古くから図書館コンソーシアムや図書館ネットワークと呼ばれた図書館間の協力組織を形成し，お互いに資料を融通し合うなどの協力を行って利用者のニーズに応えてきた。しかし，そのことを実現するためには，どの館が何を所蔵しているかなどの情報を共有する必要があり，相互協力を行うにはきわめて差し迫ったニーズか，業務の負担が軽い場合しか対応しきれなかった。ところが，今や急激な情報量増大や雑誌価格の高騰に対応するためには，

---

1) Association of Research Libraries. Monograph & Serial Costs in ARL Libraries, 2004-05. http://www.arl.org/stats/arlstat 05.pdf

このような協力を推進していく以外によい方法は見出せなくなった。

　そのために,「協力するのが望ましい」といった対応ではなく,図書館資源が共有の資産であると考え,利用者へ必要な資料を提供するための方策が推し進められることとなった。これが資源共有のモデルである。

図書館コンソーシアムと図書館ネットワーク　　双方とも,複数の図書館が,資料の収集・組織化・提供や保存に関して相互に協力し合う態勢あるいは組織間の協定をいう。そのときどきに注目された課題や実現した協力内容を両者の差異として指摘することもある。近年では,図書館コンソーシアムの名称がよく使われる。(例:「国立大学図書館協会の電子ジャーナルコンソーシアム」や「山手線沿線私立大学コンソーシアム」など)。図書館ネットワークに関しては,本来の意味のほか,基盤となるコンピュータ・ネットワークと関連づけて使うこともある。

　相互協力(相互貸借など)のためには総合目録(複数の図書館に所蔵している資料について,一つの体系のもとに編成した目録,これにより必要な資料をどの図書館が所蔵しているかを発見できる)が不可欠である。この総合目録事業が1970年代からデータベースの形成という手法で実施されるようになり,従来,手作業で遅れがちだったこの種の事業が円滑に行えるようになった。それがこのモデルの成立を後押しした。また,総合目録データベースを活用して,図書館間相互貸借(ILL)システム(データベースを使って,所蔵図書館を発見し,そこに依頼のメッセージを送付し,資料あるいはその複製物を入手する)が構築され,図書館間の相互貸借が急伸し,資源共有のモデルが実現した。

　こうした図書館間の相互協力の態勢には,国全体のレベルでの展開や,地域での協力,主題別の協力,あるいは昨今では国を超えた国際的な協力などの種々の形がある。いずれの形態をとろうとも,情報量の爆発的な増大にはこのモデルだけが対応しうる。

2. 図書館の位置づけ

　コミュニティに知識や情報を提供し，教育や娯楽や文化的向上をもたらしてくれるものとして，図書館は公共的な価値を担うものである。近代の図書館は，地域社会においては公共図書館が，学校や大学であれば，学校図書館や大学図書館が，それぞれのコミュニティ共有の資産として設置され，維持されてきた。

（1）　図書館とコミュニティ

　図書館がコミュニティにおいて，どのように位置づけられるかをみておこう。

a．公共性と公共財

　図書館は，知識や情報をいきわたらせるというはたらきによって，そのコミュニティの人々の利害にきわめて大きな影響をもっている。たとえば公共図書館は，人々の的確な判断を可能にする（well-informed citizenry 見識のある市民を育む）という点で民主主義を支えるものだといわれ，大学図書館は，大学の教育・研究を支える中心的存在として「大学の心臓」といわれてきた。

　図書館をつくり維持していくために，税金を充当したり，学校や大学等の予算から共通経費として図書館への支出をあらかじめ確保したりする。図書館はそのように「公的な」財源によって支えられており，いわゆる公共財に位置づけられる。[1]

　公共財とは，市場経済にあって個々人の自由な経済活動の範囲にまかせておけば確保できるというものではなく，なんらかの共同的な行動が必要なものとして，公的資金によって運用されるもので，たとえば，私たちが日常使ってい

1）山内直人『ノンプロフィット・エコノミー：NPOとフィランソロピーの経済学』日本評論　1997　p.17.

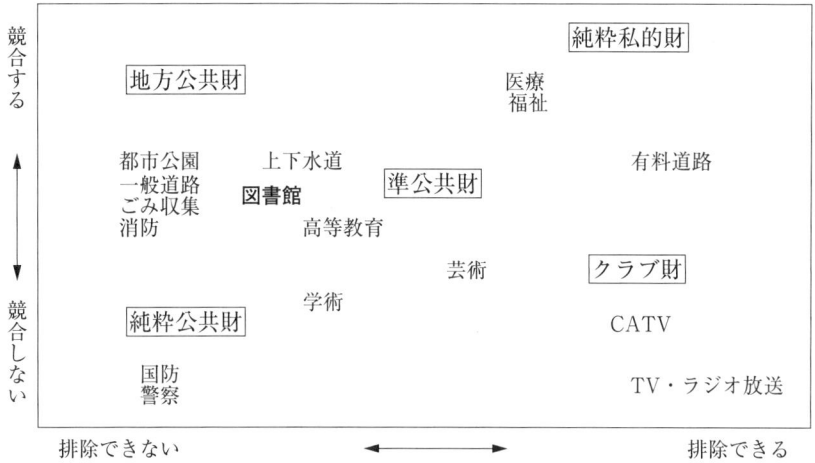

(山内直人『ノンプロフィット・エコノミー』の図を加工)
1-1図　公共財の概念と図書館の位置

る道路や公園などがこの類である。

　経済学的な意味でいえば，1-1図に示すように，公共財は非排除性（公共財を一人の消費者に提供しようとしても，ほかの消費者も同時に消費することができ，特定の人以外の消費を物理的，コスト的に排除することができない）と非競合性（一人の人がいくら公共財を利用しても，そのほかの人が利用できなくなることがない）という性質をもつがゆえに，市場メカニズムではうまく供給することができないものである。要するに個々人では経営できないが，社会に不可欠なものと認められるものである。

　図書館は厳密には，国防や治安などのような純粋公共財ではなく，非排除性や非競合性のより穏やかな準公共財と位置づけられる。

b．コミュニティとの結びつき

　社会の情報伝達機関という場合には，ラジオ・テレビの放送局のような放送メディアが第一に思い浮かべられる。最近では，こうした類のメディアでも，

不特定多数への通信を行うブロードキャスト型だけではなく，新しいデジタル技術を使った双方向の通信によって，コミュニティの人々の意向を反映するような内容のことも可能になっている。

一方，図書館も人々に知識や情報をもたらす情報伝達機関の一つとして，同様に情報ネットワークを使い，積極的な情報発信機能が求められたりもしている。放送メディアと同じ技術を使い，ときにそれと連携・融合する事業も考えられよう。

放送メディアと図書館とがしだいに類似するようになるかもしれないが，これまでのところ，そのあり方は違っている。図書館とその他の類縁機関とは基本的にどこが異なっているのであろう。

図書館が拠ってきた活動モデルは，コミュニティの資料の共同利用を基盤にしたものである。さまざまな情報を集め，それをコミュニティの人々に伝達するのが役割であり，図書であれ，雑誌であれ，新たに出現してきたデジタル・コンテンツ（デジタル・データで表現された文章，音楽，画像，映像，データベース，またはそれらを組み合わせた情報の集合のこと。それらを再生するためのソフトウェアを含むこともある）であれ，図書館は，その活動をコミュニティの意向に基づいて行う。一つは，議会のような場で得られる合意であり，他の一つは，利用の場での個々の利用者の意向である。図書館はすぐれて，特定のコミュニティの個々の対象利用者をベースにしている。

昨今，電子図書館が話題に上ることが多い。電子図書館は機能的には情報ネットワークを通じて情報サービスを展開するから，情報ネットワークにつながっているならば利用者はたとえ地球の裏側にいてもよい。電子図書館のサービスには，およそ場所の制約はない。同時に不特定多数の人々にサービスを向けることができる（この点では放送事業などにも似てこよう）。

しかし，図書館という限りは，それを支える利用者コミュニティが存在しなくてはならない。もちろん，この場合は利用者をとりまとめる単位が，公共図書館のような地域性によるのではなく，特定の研究に従事する人々や興味を同じくする同好のグループや，少し広がった学界とか業界といったものが図書館

を支えるコミュニティになることが想定できる。

そして，図書館は図書館を支持してくれる人々に向けた情報サービスを設定するのである。しかし，情報サービスが多様化するなかで展開されるサービスには図書館なりの付加価値（たとえば，内容情報を豊かにする）が得られるものでなければ，図書館を支えるコミュニティは構成されないだろう。図書館はどのような価値を与えてくれるのだろうか。

（2） 図書館の価値

人々にとって図書館の価値とは，さまざまである。80年代に米国カリフォルニア州の20の公共図書館で，図書館になぜ立ち寄るかを利用者に日常の言葉で語ってもらう調査が行われた。それによると，人々の図書館へ立ち寄る際の心づもりは，1－1表に列挙されることだという。

同一の人でもそのときどきの心象によって要求の方向も異なるのだが，人々は通常このような期待をもって図書館を訪れているという。

1－1表の項目には，公共図書館を，実際に利用してみることによって人々が得られる価値をとりあげているといってよい。一方，図書館を直接には使わ

1－1表 「ASQ：図書館による情報ニーズとアカウンタビリティの評定に関する代わりの道具」による人々の図書館の意味づけ[1]

① アイデアを得る，または，なにかを理解する
② なにかを達成する
③ 他人と交流する
④ 休息する，または，リラックスする
⑤ なにかをやろうという気持ちになる
⑥ なにかに属している，あるいは，一人ではないと感じる
⑦ 楽しむ

1） Dervin, Brenda. and Clark, Kathleen. "*ASQ : Alternative Tools for Information Need and Accountability Assessments by Libraries*". Belmont Ca.,: Peninsula Library System, 1987.

ないが，図書館の価値が認められる場合もある。たとえば，不動産屋のチラシに「図書館至近」といった表示が出ていることがある。この場合おそらく，図書館を使おうとする人には便利な地域だということもあるが，図書館のあるよい雰囲気の近隣だということを表示しているのだろう。図書館がもたらす価値には，単純に利用しなければ得られないものばかりではない。

a．図書館の価値の分類

　図書館のような公共財は，市場で交換されることがないから，その価値を確認すること（たとえば貨幣に換算する）はむずかしい。また，図書館の価値は上述したように，実際に利用しなくとも，ときにそれを認め評価されることもある。

　市場で交換されない自然環境や景観のような価値について，環境経済学では利用価値だけではなく非利用価値の存在を認め，その価値をとらえようとしてきた。図書館の場合にもその理解を援用してみると，図書館の全体価値は，たとえば，1-2図のように描くことができよう。[1]

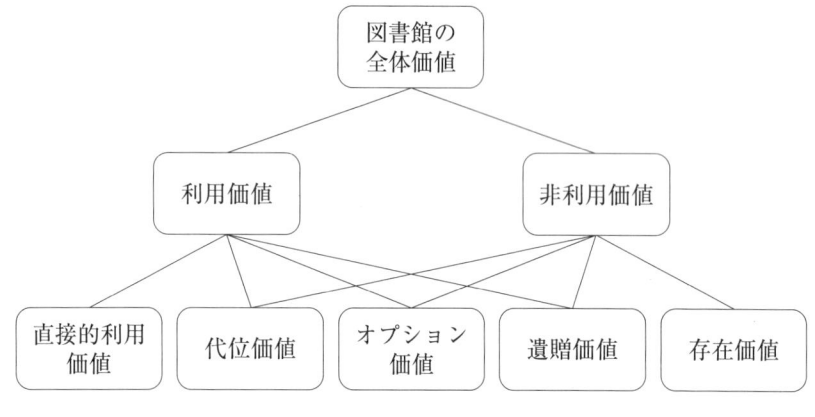

1-2図　図書館の価値

1）増田元・永田治樹：CVMを用いた外部有料データベース・サービスの評価（永田治樹ほか『利用者・住民の選好意識と公共図書館サービスの評価』筑波大学知的コミュニティ基盤研究センター・モノグラフシリーズ 2　2004　p.5.）

① 直接的利用価値：情報提供，教育，娯楽・空間提供など図書館サービスがもたらす価値
② 代位価値：自分は使わないが，子どもたちや友人が図書館を利用することで実現される価値
③ オプション価値：将来，図書館を使うことになるかもしれないということで可能性として残される価値
④ 遺贈価値：次の世代の人々のために，文化遺産として保存される価値。
⑤ 存在価値：利用によって生まれるものではなく，図書館によって地域のアイデンティティが確保できるといった存在そのものの価値

このほかに，図書館を訪れる人々が商店街へ向かう人の流れを作り出す効果を期待して，図書館が町おこしのために設置されるなどといった場合などもある。図書館の直接的な利用価値だけではなく，間接的・派生的な利用価値が想定されよう。

図書館という社会的機能の，これらの価値の全体が把握され，はじめてその価値が測定されるといえる。

b．図書館の自由

図書館の価値の中核部分は直接的な利用価値である。この価値は基本的には，次の二つがもたらす効用であろう。

① 図書，雑誌，あるいは電子資料（コンピュータによって利用可能なデータやプログラム，あるいは両者の組み合わせ）などの資料の提供
② レファレンスサービスをはじめとする支援サービスの提供

人々にとっては，図書館はどのような資料やサービスを提供するか，つまり図書館のコレクションやサービス対応が重大である。したがって図書館は，利用者のニーズを知り，また出版の状況を把握し，「品揃え」して，人々に適合した資料やサービスを提供しようとする。

しかし，人々のニーズは多様であり，ときにそれらが相互に相容れないこと

もある。図書館はしばしばそのような意見の対立の間に立たされることになる。また,財源には限りがあり,図書館の収集にも範囲がある。そのような場合に,どのような選択を図書館はとるべきなのか。図書館の拠るべき原則はどのようなものだろうか。

アメリカ図書館協会（ALA）がつくった「図書館の権利宣言」[1]には,「Ⅰ.図書やその他の図書館資源は,図書館の奉仕対象とするコミュニティのすべての人々の関心や,情報,そして啓蒙のために提供されねばならない」とともに,「Ⅱ.図書館は現在および歴史的な問題のすべての観点を表現した資料や情報を提供しなければならない。資料は党派的もしくは教義的な反対で禁止されたり排除されたりしてはならない」とある。

図書館（とりわけ公共図書館）の活動は,このようにいわゆる思想・表現の自由に大きく関わる,図書館は人々の権利を擁護・確保するという大きな任務が付与されている。日本図書館協会の「図書館の自由に関する宣言」[2]では,「図書館は,国民の知る自由を保障する機関として,国民のあらゆる資料要求にこたえなければならない」として,「資料収集の自由」「資料提供の自由」「利用者の秘密保持」「検閲の反対」を唱えている。

図書館の価値には,コミュニティにおける情報伝達機関として基本的な,人々の権利の擁護というものが前提となっている。

(3) 図書館の四つの強み

人々は生活の中で,携帯電話を含むインターネットへの接続により生活に必要な情報を検索利用するようになった。こうした中で印刷メディアを中心に活動してきた図書館は,今後,図書館のどのような機能が期待され,どのようにコミュニティに位置づけられるかを考えてみなくてはならない。それについては第2章の2（p.40）で詳しく展開するが,ここでは,図書館がコミュニ

1）American Library Association: Library Bill of Rights. Reaffirmed in1996. http://www.ala.org/ala/oif/statementspols/statementsif/librarybillrights.htm
2）日本図書館協会:図書館の自由に関する宣言 1979年採択　http://www.jla.or.jp/ziyuu.htm

ティの文脈でどのような強みをもっているかを確認しておこう。

イギリスの文化・メディア・スポーツ省が発表した『将来に向けての基本的な考え方：今後10年の図書館・学習・情報』(*Framework for the Future : Libraries, Learning and Information in the Next Decade*) で，図書館には歴史的に四つの強みが維持されているという。それは四つのSで表され，場所（Space），資料の蓄積（Stock），サービス（Service），職員（Staff）のことだという。[1]

a．場　所（Space）

図書館の資料が図書や雑誌であることによって，物理的にその収納や利用のために図書館には場所が不可欠である。その点で図書館は，元来コミュニティに設置される営造物である。人々は図書館で，資料を探し，読書をしたり，調

吹田市立千里山・佐井寺図書館
この図書館は、小学校の木造校舎（奥の建物）を保存し、図書館の一部として地域の学習センターとしても使われている。

---

1) United Kingdom. Department for Culture, Media and Sport. *Framework for the Future : Libraries, Learning and Information in the Next Decade.* London, 2003. p.14.

1階

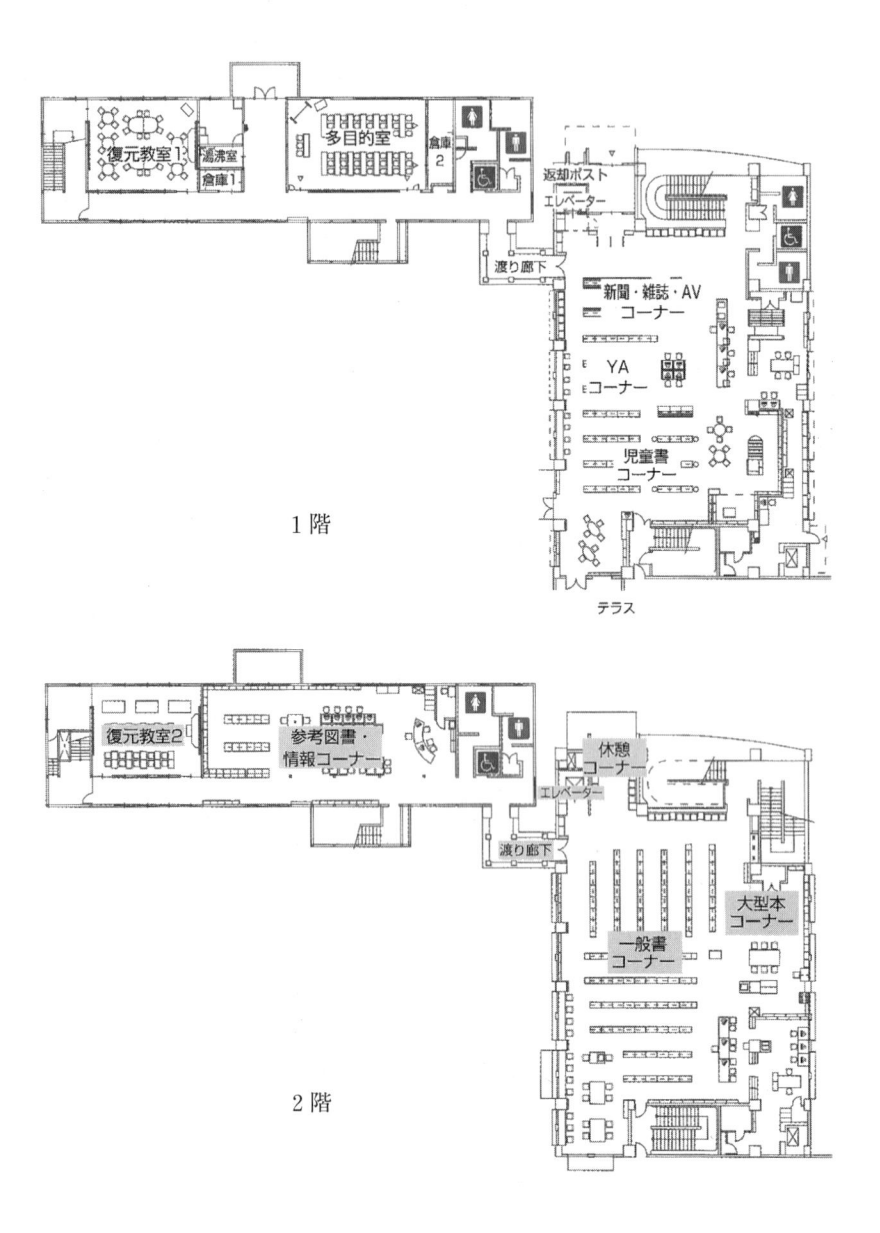

2階

吹田市立 千里山・佐井寺図書館の平面図

査を行ったり，研究したり，週末のたびにくつろぐこともある。

　しかし，図書館は，元来，人々が寄り集まるコミュニティの共有の場（コモンズ）でもあり，読書会，コンサート，映画会などの会合を催されることもあるし，さまざまな人々の相談や会議のためにもこのスペースが使われる。特に現在では，図書館は情報提供サービス機能を果たすだけでなく，人々の生涯学習のニーズに応える必要があり，各種の講習会，クラス，サークル活動と図書館とを結びつけることも考えられるようになった。

　たとえば前の頁の写真や図のように，図書館は地域のセンターとしての機能も含めて設計され，使われている。イギリスのビーコン・カウンシル計画では「コミュニティ資源としての図書館」と位置づけ，図書館は会合,公演,展示,朗読,討論などに使われ，コミュニティ意識の醸成を支援するものだという。[1]

　デジタル・コンテンツが主体となる電子図書館であれば，情報ネットワークを介して図書館は利用者と結ばれ，利用者は物理的な移動はなく図書館を使うことができる。「壁のない図書館（library without walls）」といわれるように，電子図書館にとって，場所は重要な構成部分ではないかもしれないが，その場合であっても，場所が果たしてきた人々の共同学習スペース，あるいはコミュニケーション・スペースのような機能が，仮想的な場としてサイバー・スペース上に確保されると考えてもよい。

　ただし，将来デジタル・コンテンツが凌駕するとしても，図書館において紙・印刷メディアがなくなることは考えにくい。それに，これまでの資料は引き続き提供されねばならず，したがって図書館はいわゆる「ハイブリッド・ライブラリー」（物理的な資料と電子資料が混交した図書館）となり，そこでもなお，場所はきわめて重要な位置を占める。

b．資料の蓄積（Stock）

　図書館の基盤は資料の蓄積である。資料のコレクションがなくては図書館と

---

[1] Beacon Council Research—Round 3 Theme Report. Libraries as a Community Resource2001. http://www.local.dtlr.gov.uk/research/beacyr3/library/index.htm

はならない。

『図書館年鑑』[1] によれば，わが国には現在，公共図書館に約3億4,500万冊，大学図書館にも約2億7,000万冊の所蔵があり，国立国会図書館や学校図書館その他の図書館を合わせれば約6億冊を超える図書が所蔵されている。

それに年々，約2,800万冊程度の図書が受け入れられ，それらがすぐさま利用に供されているし，雑誌に関していえば，特に大学図書館に確保されている学術雑誌は約375万点を超えている。また，視聴覚資料といわれるビデオ，CD,DVD，また，コンピュータファイル，視覚障害者用の点字資料や録音資料など多様な資料が図書館コレクションに確保されている。

図書館には，新刊書も絶版になった図書もある。利用者は，これらのコレクションの中から興味をひく資料を利用することができる。実際，公共図書館を例にとれば，近年およそ約6億2,000万件の貸出しが年々行われている。図書館はコミュニティの多くの人々のニーズをこれらの資料の蓄積によって満たしているといってよい。

しかし利用者のニーズは多様であり，それぞれの図書館で人々が要求する資料のすべてはまかないきれない。そこで他の図書館と資料を融通し合う相互協力でニーズに対応する。大学図書館界では早くから全国的な総合目録を構成し，相互に資料を貸借し合う協力態勢がつくられ，運用されてきた。近年では公共図書館でも，近隣の市町村が協力したり，都道府県域の図書館ネットワークがつくられたりして，さまざまな規模で相互協力が進展している。

図書館における資料の蓄積は，こうしたシステムによって，全体として利用者に対応するようになっており，増大し続ける知識や情報をできるだけ確保する努力がなされている。

大学図書館が所蔵しているような学術雑誌の多くはすでに，電子ジャーナルとしても出版されており，図書館における資料蓄積の範囲は今後，紙だけでなく急速にデジタル・コンテンツにまで，拡大されていくと思われる。

---

1) 日本図書館協会図書館年鑑編集委員会：図書館年鑑 2006 日本図書館協会 p.258, 278.

また，図書館にインターネット接続の PC が設置され，利用者に提供されているのは，「ネットワーク情報資源」（情報ネットワーク上に置かれた各種の電子資料）の取得を支援するものである。このようにして提供できる情報資源に対して，最近では，図書館がコミュニティの人々のニーズに沿ってそれらを組織化して利用者へアクセスを提供している。それとともにデジタル・コンテンツそれ自体を蓄積する試み（例：岡山県立図書館の「デジタル岡山大百科」）も生まれてきた。

c．サービス（Service）

　図書館は，資料を提供するといっても，書店とはさまざまな点で異なる。無料か有料かという点もあるが，多くの図書館が掲げているように図書館の使命は，コミュニティの人々にありとあらゆる知識や情報を提供することであり，人々が必要とする知識や情報の獲得を援助することである。

　そのためには，コミュニティの人々のニーズを把握して，それに見合った資料を整える努力や，さらにそれを使いやすくする資料組織化などの利用支援サービスを行う。これらのサービスは，資料を単に発見するためだけでなく，ときには，もっと付加価値の高いサービスとして実現する。

　たとえば，図書館が用意する目録や書誌から，タイトルや著者名を知っていてその所在を探す既知検索サービスは前者に属するだろうが，目録や書誌を精査することによって，関心領域に関する新たな発見があるかもしれない。また，レファレンスカウンターの図書館員に尋ねることによって，調査の新しい切り口が見出せるかもしれない。

　図書館は，ストーリーテリング（お話し会）などを通じて，子どもたちの成長を支援したり，子どもだけでなく，ヤングアダルトや成人の学習のための資料を整え，読書相談などにも応じたりしてきた。

　場所の提供や資料の蓄積とともにこれらのサービスが取り揃えられた図書館は，人々は必要だと考えたときにいつでも訪れ，思うままに利用できるという施設である。元来コミュニティの人々の学習の場であったが，生涯学習社会が

深化した現在では，人々が自主的に，自分のペースで身につける「非定型学習」を支援する場として，さらに期待されている。

また，図書館は社会的に恵まれていない人々へのサービスに関しても積極的である。これまでにも視覚に障害のある人々へのサービスには実績がある。さらには，失業中の人々や，外国人，施設に入っている人々などさまざまな形で社会的から排除されがちな立場にある人々へのサービスが，近年「社会的包摂」（social inclusion）の課題として図書館でも展開され始めている。健全なコミュニティを形成していく上で不可欠な努力である。

社会的包摂（social inclusion）　　貧困者，失業者，ホームレス，外国人など誰も排除されない，誰も差別されない「共に生き，支え合う社会づくり」を目指すもので，イギリスやフランスなどヨーロッパ諸国で近年の社会福祉の再編に当たって基調とされている理念。「すべての人々を孤独や孤立，排除や摩擦から援護し，健康で文化的な生活の実現につなげるよう，社会の構成員として包み支え合うこと（社会的包摂・統合）」（社会保障審議会福祉部会）。

---

d．職　　員（Staff）

これらの図書館サービスを実践するのは，職員である。図書館員には，図書館の重要性の認識に基づく献身的なサービスの展開が求められる。

サービスとは人の活動である。もちろんサービスは施設やモノなどと一体化した形で展開されるから，図書館サービスを人々が具体的に受け取るのは，借り出した図書や，憩いのひとときを過ごせるスペースだという印象が強いだろう。しかし，これらは職員によるサービスで用意された結果入手できる。職員が施設を快適に過ごせるように整備し，資料を用意して，利用者を思い浮かべ，使われる資料を見やすく並べるのである。

同じ図書館員でも，知識や経験の有無などによって，人により図書館サービスの善し悪しに違いが生じるし，日々コミュニティのニーズに合わせてより高

いサービスを心がけなければ，同一人でもサービス品質に差異が生まれる。したがって，サービスのレベルを設定してそれを維持することが図書館の経営の課題となる。そのために，職員の意欲を高め，研修を実施して，常に人々が求めるサービスが展開できるよう準備しなくてはならない。

　サービスの向上を図る場合でも，まずは職員のレベルアップこそが決め手となる。たとえば，今日，図書館員に必要な知識・技術は大きく変わりつつあるし，よりコミュニティの人々の活動に開かれた活動が求められ，図書館とさまざまな関連組織（生涯学習センター，博物館，文書館など）との連携も必要になっている。こうした中で，職員には新しい情報技術が必要になっているし，広い視野に立ったものの見方や，実際に人々に支援できる能力が要請される。図書館のあり方を左右するのは，使命感に燃えた職員であることは明らかである。

第2章　図書館のしくみ

1.　図書館のシステム構成

　前章では，図書館とはなにかを考え，また，図書館の位置づけを確認した。図書館は，きわめて古いしくみではあるが，今また電子図書館など新たな展開もある。そのはたらきは，時代を超えて，コミュニティにあって人々に知識・情報を提供することだといえよう。そのために図書館ではどのような要素がどのように合わさって，図書館というしくみ（システム）を構成し，その固有の機能を展開しているかについてとらえてみよう。

（1）　システムという見方

　図書館は，たいていはコミュニティをとりまとめている機関（地方公共団体，大学，学校，企業など）によって設置され，組織上，それらの機関のもとに置かれる。2－1図のように，コミュニティの機関（上位組織）のもとにあって，図書館はそのコミュニティ構成員の情報アクセスの便宜を図るべく，投入された予算によって，外部環境の影響を受けつつ，人々へのサービスを産出するシステムといってよい。

　このシステムは，収集された資料，資料を収納するための施設・設備，それに図書館を運営する図書館職員から構成されている。ちなみに，システムとは，さまざまな要素が相互に絡み合って全体としてはたらき，要素のレベルとは違う一段と高い全体的なはたらきをするものである。図書館はこれらの要素の全体的はたらきによってサービスを産出し，それを利用者が受け取ることによって成立しているシステムである（資料だけでは図書館ではなく，施設や図書館員が協働することによって図書館として機能する）。

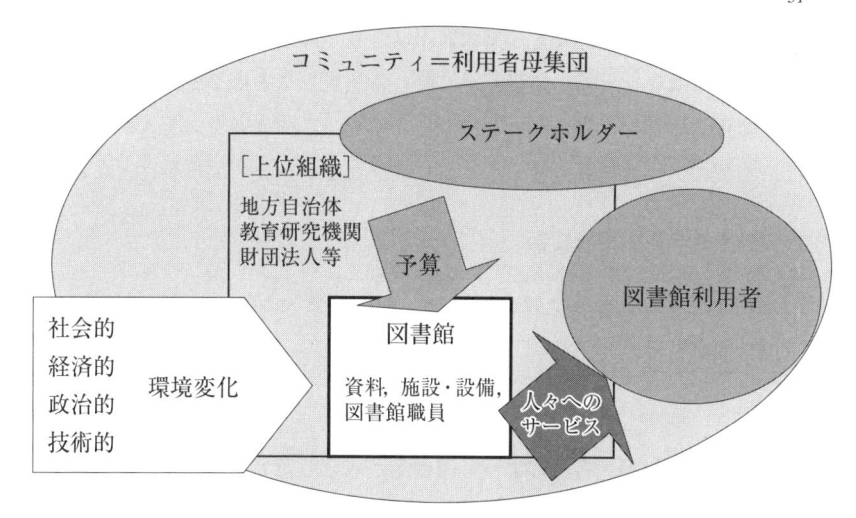

2－1図　図書館のシステム構成図

　システムはまた階層性をもち，一つのシステムが上位のシステムの要素となる。したがって図書館は一つのシステムだが，上位組織，すなわちコミュニティの機関の要素であり，その一つの下位（サブ）システムである。

　このようにシステムとしての図書館とそれぞれの要素を配置してみると，利用者は図書館システムにとっては外的な要素（上位の要素）であることがはっきりする。また，コミュニティにはステークホルダー（図書館に関係する人々。たとえば，設置や運営などに関わるコミュニティの代表など）といったものも存在し，図書館のはたらきに影響する。これらの人々は，図書館システムにとって，大変重要なものではあるが図書館システムの外側の要素である。

　システムというとらえ方はさまざまに設定でき，相互に必ずしも排他的ではない。同じものが，いくつかのシステムに関わることも多い。たとえば，社会における情報の生産から消費への流れをシステムととらえてみると，図書館は人々が生み出す知識や情報を効率的に社会的に還流させるシステム要素だともとらえられる。すなわち，図書館は，情報生産者→情報の編集・出版者→図書館→情報の消費者，というプロセスに位置づけられる。

この流通システムの要素として図書館は，さきほどのコミュニティという上位システムとは異なって，情報流通に関わる出版社や書店などのステークホルダー（関係者）と作用し合うことになる。また，この流通システムが機能するには，物流のメカニズムや情報ネットワークなどが重要な環境条件となる。

（2） システムの構成要素

図書館システムの主たる構成要素は，前頁で述べたように資料，施設・設備，図書館職員である。

a. 資　　料

資料は，その収集・蓄積によって図書館が成立したという点で，最も基本的な要素である。資料は，人間の知識・情報のコンテナであるから，図書館は人類の文化資産を蓄積し，その共同利用を促すという役割を果たすことになる。

図書館に受け入れられた資料を一般に「図書館資料」という。図書館法第3条には，「郷土資料，地方行政資料，美術品，レコード，フィルムの収集にも十分に留意して，図書，記録，視覚聴覚教育の資料その他必要な資料（以下「図書館資料」という。）を収集し，一般公衆の利用に供すること」とあるように，図書館資料は必ずしも図書だけではない。

しかし，図書館は従来，紙・印刷メディアを中心に発展してきたから，図書館資料といえば図書が主体であり，従来では，コレクションは図書資料と非図書資料といった区分のもとにまとめられていた。図書資料とは，おおむね図書や雑誌など紙・印刷メディアを表し，非図書館資料とは，オーディオ・ビジュアル（AV：視聴覚）資料や地図資料やマイクロ資料などを総括したものであった。ただ近年では，視聴覚資料の重要性が高くなるだけではなく，本章の2.（p.40）で詳しく述べる電子資料やネットワーク情報資源も重要な「資料」となりつつある。

資料の収集には，コミュニティの人々のニーズを反映させる必要がある。とはいえ，資料を収集するためには，一定の経費が必要であり，一般に予算とし

て図書館に措置される額ではそれをまかないきれないから，資料の選定は図書館にとって最も重要な問題である。

　資料のコレクションは，ある主題の資料が群として確保されると，その有用性がより高まる。もちろん個別図書館だけでなく，いくつかの図書館の協力によって資料を融通し合うことで展開される場合もある。

　コレクションとして資料を確保するのではなく，相互協力によって資料を融通しあったり，また，情報ネットワークを通じて資料の利用を契約によって保証したりして，利用することを「アクセスの確保」という。

b．施設・設備

　図書館には，資料を収容し，資料提供を中心とする図書館活動を展開するための施設と設備が必要である。施設という場合は，図書館の建物，および建物によって確保されたスペースを指す。

　図書館のスペースは，古くは書庫と閲覧室といった構成であったが，現在の公共図書館などでは，一般閲覧室のほか，児童閲覧室，おはなしコーナー，グループ閲覧室，対面朗読室，オーディオ・ビジュアル（AV）コーナー，PC（検索・インターネット）コーナー，あるいは各種の資料別のコーナー（たとえば，雑誌コーナー，郷土資料コーナーなど），たたみコーナー，休憩ラウンジ，会議室，集会室などのサービス・スペースと，事務室，書庫などの業務用スペースが準備されている。

　これらのスペースはその用途に応じて，適切な照明，換気や温度・湿度の管理が重要である。また，利用スペースではとくに，スペースのとり方（たとえば，書架の高さ，その配置の間隔），利用者動線への配慮，それに壁や床の材質・色彩や緑化による環境設定も大切な課題である。

　また設備といえば，書架，雑誌架，机・イス，カウンター，PC，オーディオ・ビジュアル（AV）機器，複写機，ブックディテクション・システム，自動貸出機，案内板（サイン）などが挙げられる。また，机やイスの品質などが図書館利用の快適さに大きく関わる。

施設・設備については，頻繁な大きな変更は難しいから，いかに活用するかを慎重に考慮する必要がある。まずは，入り口に立った利用者に，図書館がどのような情報を提供するかを了解させる光景（「情報景観（information landscape）」という）を考えてみる必要がある。

　偉容を誇るような記念碑的な図書館なのか，機能的な図書館なのか，あるいはリラックスできる図書館なのか，調べもの向きの落ち着いた図書館なのかなど，図書館が求められる機能性によって，施設や設備のデザインが決められるであろう。

　サービスの展開は，どのような場合も人のサービス行為だけではなく，このような有形のものにきわめて大きく依存する。場として図書館を使う場合はもちろんのこと，たとえレファレンス・サービスなどを利用する場合であっても，図書館の雰囲気や資料やカウンターの設定がサービスの品質や利用者（（3）a.（p.36）を参照）の満足度に影響を及ぼすから，施設・設備が合理的であり，また快適性を保証するものでなくてはならない。

c．図書館職員

　図書館にとって最も重要な要素は職員である。図書館の職員には，図書館長などの管理業務に従事する者，図書館の専門的な職務に従事する者（図書館員），それに一般事務に従事する者，あるいは補佐的な業務に従事する者などの種類があり，図書館の組織を構成している。

　図書館法第4条では，「専門的職員を司書及び司書補と称する」とし，その資格を規定している。「司書」は，図書館員（ライブラリアン）を指す一般的な呼称ではあるが，ここではその資格を定めて固有な意味で使われている。図書館法は，公共図書館を対象とするものであってそれ以外には適用されない。

　学校図書館法第5条は「専門的職務を掌らせるために司書教諭を置かねばならない」とし，またその資格も規定している。大学図書館の設置に関しては，大学設置基準第38条には「図書館には，その機能を十分に発揮するために必要な専門的職員その他の専任の職員を置くものとする」と規定されている。

これらがわが国の主な図書館の専門的職員についての法的な枠組みである。現在の図書館における業務に対応するためには、知識・技術を高めていく必要があり、とくに情報技術の変化や社会の急速な発展に対応した専門職が求められるようになっている。

また、社会的な有用性が高い知識と技術の取得を前提とする専門職制度がわが国の図書館界に確立しているわけではないが、図書館員には人々の表現の自由・知る自由を維持する社会的責任があるとして、日本図書館協会は、「図書館員の倫理綱領」を1980年に設定している。

職員については、採用や任用の違いによって、専任・兼任、非常勤、臨時などの形があり、また、近年の図書館業務の外部委託により、委託先の職員が派遣されて図書館で業務に従事していることもある。

業務を外部に委託することは、図書館に関しても再々議論を呼んできたところであるが、この傾向はさらに勢いを増しており、これまで主として図書館にとって非本来的な業務と区分されたもの（例えば、清掃、製本、窓口業務など）を委託してきたが、現在では目録や種々のサービス業務にまで及んでいる。

また、公立図書館では、平成15年9月の地方自治法の一部改正により、図書館をはじめ公の施設の管理方法が、「管理委託制度」（地方公共団体の出資法人、公共団体、公共的団体に限って管理を委託することが認められる）から「指定管理者制度」（民間事業者も含む幅広い団体の中から地方公共団体が指定する「指定管理者」が管理を代行することができる）に移行し、また委託される業務範囲がほぼ図書館業務全体に拡大できるようになっている。

(3) 図書館システムに密接に関わる上位システムの要素

図書館システムの内的な要素ではないが、図書館に大きく関わる要素には、図書館利用者や図書館の設置や維持に関係する人々（ステークホルダー）がある。

これらの人々（市町村立図書館の場合では、市町村の住民、図書館設置に関わる人など。大学図書館の場合は、大学の学生や教員、大学組織における意思

決定に関わる人々）は，図書館の上位にあるシステムの要素であり，それらの要請により図書館システムが構成されているといえる。

　図書館は，そのシステム内の要素が機能しても，外部のこれらのステークホルダーや図書館利用者の支持がなければ成立しないといえよう。

a．図書館利用者

　図書館利用者とは，図書館のサービス，すなわち図書館システムの産出（アウトプット）を利用する人々である。

　利用者となるのは，図書館を設置したコミュニティの構成員（市町村立図書館の場合，それを設置した市町村などの住民，大学図書館の場合では，学生，教員，職員など）である。利用者のうち実際に利用する顕在的な利用者と，利用資格はあるのに利用しない潜在的な利用者とがある。

　また近年，多くの公共図書館では近隣の市町村の住民を，また大学図書館でも他大学の教職員や地域の住民を，利用者としてサービスを提供するようにもなっている。特に情報ネットワークの進展により，オンライン目録（OPAC）など図書館の所蔵状況がどこからでも把握できるようになって，サービスを求める利用者が固有の対象者以外にも拡大している。

　図書館では，利用者は古くは「閲覧者」（reader）と呼ばれていた。基本的なサービスとして書物を館内で閲覧をする利用者という意味である。図書などの貸出サービスが一般化し，あるいはオーディオ・ビジュアル（AV：視聴覚）資料などの利用が普及し，「閲覧者」という呼び名は限定的なものとなった。

　アメリカでは，利用者のことを「パトロン（patron）」（お得意さま）と呼ぶことが多い。利用者あっての図書館だという意味合いが込められている。アメリカに限らず法律図書館とか医学図書館の世界では，「クライアント（client）」（依頼人）といった呼び名も多く使われ，専門的な依頼をするという意味合いが含まれる。

　利用者（user）という呼び名は，一般的であり広く使われているが，図書館

を使う人々への呼びかけとしては，必ずしも適当とはいえない。「パトロン」という呼称は過剰だとしても，サービスの対象としては，お客さまという意味で「顧客」あるいは「カスタマー」(customer)という呼び方がしばしば聞かれるようになっている。

　図書館は，基本的には現在の顧客（図書館の利用経験をもち，使い続けている）を対象にしてサービスを展開する。しかしこのほかに，これまで図書館と関係のない人々（最近，そのコミュニティに入ってきた人々，あるいは，これまで利用経験のない人々）と，図書館の利用経験はあるが，関係をやめてしまった人々（これらの人々をひっくるめて「潜在的利用者」）がいる。

　図書館を人々に利用してもらうように運営するには，① 現在の顧客に対しては，常によい関係を保つような対応が，また，② これまで利用していない人々，すなわち将来の利用者に対しては，そのニーズを把握して図書館に呼びこむ努力が，さらに，③ 来なくなってしまった顧客に対しては，関係を回復する対応が必要である。回復の対応は，個々に双方向のコミュニケーションを重ねる糸口を見つける方法しかないだろう。

　こうした対応を行うためには，顧客をきちんと把握する必要がある。顧客の把握には，顧客の種類によって層化（セグメンテーション）する方法がとられる。層化には，人口統計学的なものと顧客の行動によるものとがある。

　人口統計学的なものとは，性別，年齢，人種，あるいは職業といったものである。それに対して顧客の行動によるものとは，関心領域，ライフスタイル，利用行動などである。一般的に前者は調べやすいために，図書館の運営にもよく引き合いに出される。しかし，顧客のニーズをつかむには後者の側面の把握がきわめて重要である。たとえば，人々のライフスタイルが変化し，図書館利用の時間帯などが大きく変わってきたのに気づかず，あるいは感知しても対応せず，午前9時から午後5時までといった，図書館側の都合で開館時間を設定している図書館もある。

　図書館の利用者，あるいは顧客が図書館を使わなければ，図書館のしくみの必要性は存在しないのであるから，図書館活動は顧客重視でなくてはならな

い。

b．図書館のステークホルダー（関係する人々）

　図書館のステークホルダーには，さざまな人々・機関が入る。公立図書館では，地方議会，教育委員会などの上位組織，図書館協議会，友の会，あるいは監督・指導権限のある国の機関などがあげられよう。大学図書館でいえば，図書館運営委員会，研究・情報担当副学長，大学の理事会，利用者会などがある。

　あるいは，情報流通システムとして図書館を位置づければ，書店・出版社などもステークホルダーである（地域の書店がコミュニティ側のステークホルダーと考えられることもある）。

　ステークホルダーには，まず図書館の設置や運営予算に関わるものとして，公立図書館での，地方議会や大学図書館における大学の理事会などがある。そうしたところで図書館の方針が策定され，設置のあり方や運用の大綱が示される。

　また，図書館が自律的に運営されるようになっても，図書館の運営に必要な資金は主として上位機関に拠る。図書館は予算の必要性を上位機関に説明し，その調達を要請するのであり，これらのステークホルダーの関与は大きい。

　図書館運営組織には，一般に図書館システム内のものと，外部の委員を含めたものとがある。公立図書館における図書館協議会や大学図書館の図書館運営委員会は図書館システム内にではなく，ステークホルダーと位置づけられる。

　図書館法によると，「図書館協議会は，図書館の運営に関し館長の諮問に応ずるとともに，図書館の行う図書館奉仕につき，館長に対して意見を述べる機関とする」（第14条2項）とあり，その構成員は「学校教育及び社会教育の関係者並びに学識経験のある者の中から，教育委員会が任命する」（第15条）としている。

　また，大学図書館における図書館運営委員会（ときに「図書行政商議会」と呼ばれることもある）は，館長の諮問機関として，大学の学部・大学院研究科から選ばれた委員によって構成されることが多い。わが国の大学図書館では，

図書館運営委員会が図書館と大学の教育研究組織との調整機関であり,また,重要な施策はここで諮られた上で館長の意思決定が行われる。

　図書館友の会という組織は,すべての図書館にあるわけではないが,図書館を支援する組織としてつくられる。その活動内容は,多様ではあるが,資金調達者,あるいはボランティア,あるいは利用者の圧力団体としてコミュニティからのフィードバックを伝える活動をする。

　図書館へ資料を調達する書店や出版社も図書館にとってのステークホルダーである。図書館は資料を収集する場合,これらのステークホルダーとの関係の善し悪しが,その活動に大きな影響を及ぼす。こうしたステークホルダーは協力者でもあるが,ときに図書館が競争者となってしまう場合もある。図書館と書店とが同じ建物のなかで共存している例もあるように,図書館活動の発展と地域の発展の双方をめざした展開が必要となる。

　図書館の運営のあり方を評価するとき,これらのステークホルダーによる評価は,利用者によるものと同様,きわめて重要である。

(4) 図書館システムの活動

　米国コロラド州にあるデンバー公共図書館は,次のような使命を館のウェブ・サイトに掲げている。[1]

　デンバー公共図書館の使命は,コミュニティの人々がその可能性を十分に実現できるように支援することである。
　　活動:情報提供,教育,娯楽
　　方法:印刷物,電子資料,専門知識,サービスプログラム,施設
　　価値:サービス,コミュニケーション,多様性,チームワーク,安全性,
　　　　情報への無料で平等なアクセス
　　スタイル:開放的,受け入れる態度,友好的,ていねい,よい対応,確信
　　　　をもって,革新的,融通性のある

---

1) The Denver Public Library: Mission, Facts & History. http://www.denver.lib.co.us/about/mission.html

このデンバー公共図書館のような使命を果たすために，それぞれ図書館はそのシステム内の要素を結びつけ図書館活動を行う。

ここでいう方法が，（2）(p.32) で述べた図書館システムの構成要素と対応する。「印刷物」や「電子資料」は，資料であり，「専門知識」や「サービスプログラム」（たとえば，「ウェブでビジネス情報を集める」と題した講習会のような，図書館が企画するサービスの計画）という方法は，要素としての職員による活動である。「施設」は，また施設・設備という要素である。

これらの要素自体がそのままで図書館の活動（「情報提供，教育，娯楽」）となるわけではなく，資料に関していえば，職員がニーズに応じて収集し，容易に探索できるように整理し，関連する資料の品揃えと陳列といったサービスが施されて，利用者への「情報提供」，「教育」，「娯楽」といった活動として実現される。つまり図書館のはたらきは，図書館への要請に応じて，資料・職員・施設・設備といった要素が相互に結びつけられ図書館活動が実現する。

この図書館の働きが，コミュニティの人々にとって価値をもたらす。そのような実現すべき価値が，ここでは「サービス，コミュニケーション，多様性，チームワーク，安全性，情報への無料で平等なアクセス」とまとめられている。

2. これからの図書館

図書館は，ながらく図書のような印刷メディアを通じて，人々に知識・情報を提供し，コミュニティの文化や経済活動を促進してきた。蓄積される印刷メディアを通じて，このあり方を今後も続けてゆくだろう。しかし，昨今，ものごとを調べるのに，とりあえずインターネットで見当をつけようということになる。これまでだったら図書館で調べたことを，グーグル[1]という検索エンジン（インターネットで公開されている情報をキーワードなどによって検索でき

1）グーグル：Google 社は，1998 年 9 月に当時スタンフォード大学の大学院生であったページ（Larry Page）とブリン（Sergey Brin）によって設立された。ウェブの構造を利用してページのランク付けを行うことにより，他のものよりも有用な結果を出力するといわれている。検索速度や精度，検索結果の豊富さには定評がある。

るウェブ・サイト，またはソフトウェアのこと）で当たり，実際それでうまくいったりする。

人々の情報の入手方法に明らかに変化が生じている。この新たな状況に対して，図書館はどのような方向に進むのであろうか。本節では，これからの図書館のあり方をみておこう。

(1) 情報化の進展

遠隔地への通信手段としての電話・電報やマスメディアとしてのラジオ・テレビなどの普及によって，情報の回路が張りめぐらされて，社会とそうした回路が一体化され始める。情報化社会とは，このような状況において，情報が価値とみなされ，情報によって機能する社会をいう。

しかし現在ではさらに，コンピュータを介した双方向通信網がまさに網の目のように広がり，膨大なコミュニケーションが日々行われるようになった。情報化社会の到来が自覚された1970〜80年代はむろんのこと，インターネット元年といわれた1995年当時に比べても，隔世の感がある。高度情報化社会と呼ばれる状況である。

2-2図のように，わが国で2003年末にはインターネットを利用している人々は60％を超えた。この中には，パソコンでインターネットにつないでいる人だけではなく，携帯電話・PHSなどでつなぐ人々も含まれている。

わが国の伸展の特徴は，情報ネットワークの展開が遅かった分だけ，携帯電話のような携帯端末が急速に普及した点である。携帯端末の普及は，帯域（回線の単位時間あたりの通信能力（通信速度））の問題や，高い通信料の問題などがあるが，「いつでも，どこでも」コンピュータ，つまりネットワークにつなぎ通信できるというユビキタス社会の到来を予感させるものである。

「携帯サイトサービス」といった名前でOPAC（オンライン目録）検索や図書館のサービス内容や自分の利用状況を照会できるサービスなどを提供している図書館は，しだいに増加している。

情報化は，通信基盤の整備とともに大きく進展するが，また情報そのものの

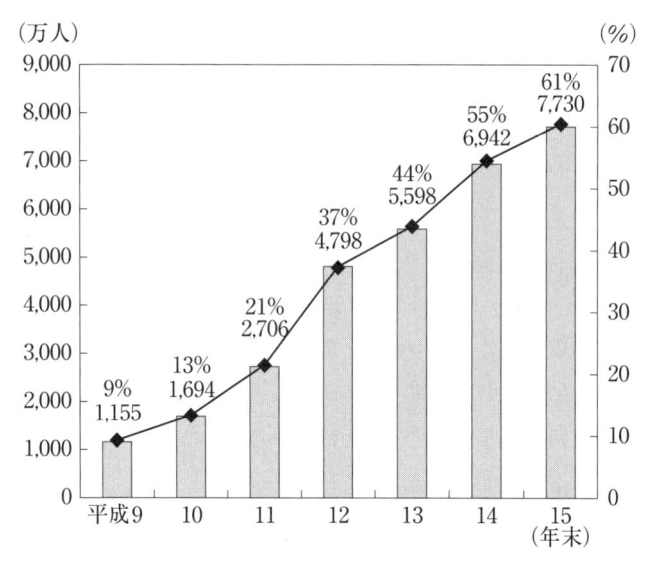

2－2図　インターネット利用人口および普及率の推移
（出典）総務省「通信利用動向調査」

あり方にも大きく影響した。現在の情報化の進展は，デジタル化の進展でもあるといえる。

　これまで活字を組んだりオフセットでつくられたりしていた文書は，テキスト部分はワープロ・ソフトで，画像はデジタルカメラで手軽にデジタル（コード）化される。サウンドや映像もデジタル録音・ビデオにより，同様にデジタル化され，容易に，劣化せずに複製・伝送され，またそれらデジタル・コンテンツを一挙に扱うこともできるようにもなった（マルチメディア）。

　作成されたデジタル情報は，即座にプリントされたり，デジタルメディアに蓄積され，形を変えて再利用されたりする。今日，本として出版されるものであっても，その原稿はデジタル・コンテンツである。アナログがよいかデジタルがよいかではなく，それぞれに利点があり，肝心なことはときと場合に応じて使い分けられることである（辞書のようなものは，電子辞書の方がずっと検索しやすいし，小説のようなものは寝転んでも読める本がいいかもしれな

い)。情報化(デジタル化)の進展のなかで起きたことは,このような選択肢が増えたことであり,また,簡便に,より多くの情報が産出・処理されるようになったことである。

その結果,上に述べたインターネットなど通信ネットワークの出現とあいまって,膨大なウェブ情報などネットワーク情報資源を爆発的に増大させている。インターネットにつなぐことによって,人々は豊かな情報資源を使うことができるようになった。

(2) 電子図書館

電子図書館とは,デジタル・コンテンツを提供する,いわば将来の図書館をいう概念である。[1] ただし,現存の図書館でも,コレクションのかなりの部分がデジタル・コンテンツである図書館を指してそのように呼ぶこともある。図書館全体からみれば,なお,デジタル・コンテンツは部分的だということを意識して,該当部分を「電子図書館サービス」ということもある。

電子図書館 (electronic library) といわれるだけでなく,「デジタル・ライブラリー (digital library)」「バーチャル・ライブラリー (virtual library)」「サイバー・ライブラリー (cyber library)」「壁のない図書館」などといった呼び名もある。これらはほぼ同じものだと考えてよい。

ただし電子図書館を語るとき,たとえば図書館の立場から語る人は,図書館の果たす役割に注目するだろうし,技術的な側面から見る人は,技術を中心に電子図書館をとらえようとする(それも要素技術のレベルから,地球規模のレベルまである)。また,図書館を利用する人の立場から考えれば,使い勝手やどのような情報が提供されるかのコンテンツの議論もある。電子図書館の議論は,そのように視点が分散し,さまざまな側面にわたっている。そのために,電子図書館とはなにかを全体的に規定しているものが少ないのも確かである。

とりあえず,2-3図のように電子図書館の概要を,図書館資料をデジタ

---

1) Harrod's Librarians' Glossary and Reference Book, 9 th ed. comp. by Ray Prytherch. Adlershot. 200o, p. 227.

```
┌─────────────────────┐      ┌ ─ ─ ─ ─ ─ ─ ─ ─ ─ ─ ┐
│                     │         
│   物理的な図書館     │          電子図書館
│                     │      │                     │
│      資料           │         デジタル・コンテンツ
│                     │      │                     │
│   組織化（目録）    │         組織化（メタデータ）
│                     │ ⇒    │                     │
│  モノの管理を中心とした│        コンテンツを重視した
│      サービス       │      │      サービス        │
│                     │         
└─────────────────────┘      └ ─ ─ ─ ─ ─ ─ ─ ─ ─ ─ ┘
```

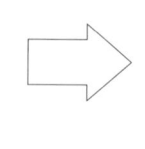

2-3図 単純なモデル（図書館資料の代替）

ル・コンテンツに入れ替えて，これまで図書館（物理的な図書館）が行ってきた中心的な業務などを対応させた単純なモデルを考えることができる。

物理的な図書館では資料であったものが，デジタル・コンテンツとなり，図書館での資料組織化の成果が目録であったものがメタデータ（デジタル・コンテンツについての記述）となり，またサービスは，物理的な管理からコンテンツ指向の管理となるという対比である。

しかし実際には，資料がデジタル・コンテンツに移行することが電子図書館だけで起きるのではなく，そうしたことが実現されれば出版流通のあり方も変化しよう。とするならば，従来のような出版流通が行われ，図書館という中間的な蓄積が社会的に意味を成すのかという疑問もある。そのために電子図書館はこれまでの印刷メディア中心の図書館の延長とは考えがたいという議論もあ

メタデータ（metadata）　　広い意味では，データについてのデータ。狭義には，ネットワーク情報資源の文書類似の情報のかたまりを記述したもので，ダブリンコアの設定が契機になって特定の領域での呼称を避けて付けられた呼び名。目録もメタデータの一つであり，それは図書館という世界のメタデータということになる。ダブリンコア（Dublin Core）とは，情報発見用のさまざまなメタデータの中核となるエッセンシャル・ミニマムを集めたもの。

る。[1]

　また，デジタル・コンテンツの伝送が容易で，多くの人が同時に利用できるという点は，製品を一挙に多くの人に提示できることを意味し，簡単に複製ができてしまうという問題はあるものの，商品管理はしやすいという利点から，これまでの出版や書籍販売がそうであったように私的財として扱える（営利活動として展開できる）部分が拡大しよう。

　しかし，情報を一部の人々だけに提供するというのではなく，公共財として確保するということを考えると，これまでの図書館と同じようにコミュニティを基盤に電子図書館を考えざるをえないだろう。ただし，デジタル・コンテンツの特質に注目するならば，たとえば，この際のコミュニティは必ずしも物理的に限定される必要はなく，地球規模の広がりでなんらかの同一性をもとうとする人々の集まりでもかまわない。

　このように，電子図書館の重要な特徴は，デジタル・コンテンツとネットワーク機能を基盤としてもつ図書館である。ネットワーク機能により，必要なデジタル・コンテンツの情報源にアクセスでき，また電子図書館自体も情報源として他の図書館などへのサービスを提供する。ここでは電子図書館は個々の図書館ではあまり意味をなさず，常にネットワーク化された図書館として機能するという設定である。

　つまり，電子図書館は他の種類の多くの情報源（電子図書館以外のものを含めて，たとえば，デジタル・ミュージアム，デジタル・アーカイブなど）との間で相互にサービスを提供できるようにし，利用者の利用要求を高めてゆかね

相互運用性（interoperability）　　ネットワークで接続されたシステムの機能要素間で，それぞれの持つデータやプログラム，ポリシー，プロトコルなどの資源要素を相互に利用して運用できること

---

1) 海野敏・戸田愼一：「図書館」の社会的機能縮小の必然性―情報流通の構造変化と図書館の存立意義（『シリーズ図書館情報学のフロンティア　No.1：電子図書館』勉誠出版　2001）p.11-45.

ばならない．このような設定を相互運用性といい，ネットワーク化された新しい社会環境では重要な考え方である．

（3） ハイブリッド・ライブラリー

ハイブリッド・ライブラリーとは，伝統的図書館とデジタル図書館との間の移行段階にある図書館で，現在ないし近未来の図書館だといってよい．

　ただし，この移行段階という表現は少し説明が必要である．たとえば新しい知識や情報を求める分野の学術的な図書館などでは，資料は電子ジャーナルや電子テキストなどにとって代わられ始めており，おそらく早晩，電子図書館への移行が実現するであろう．しかし，われわれには歴史の遺産があるし，また紙というメディア，あるいは書籍が今後とも愛用され続けていこう．そうした点を考慮すると，この移行段階はいわば過渡的なものではなく，将来にわたって維持されるもの（電子図書館への連続体）だということがいえる．

　しかし，このハイブリッド状況において図書館はきわめて深刻な混乱に陥る．紙・印刷メディアの良いところとデジタルコンテンツの良いところを併せ持っているという特徴の逆の面は，二つの状態が混合し，利用するには両方をきちんと理解しなければ使えないという弱みでもある．

　図書館では，新聞コーナーに日々の新聞紙が広げられていて，そのそばに1週間分から1か月分の新聞紙が置かれているだろう．過去の新聞紙は，縮刷版というものが入った時点で破棄され，利用者はさかのぼって閲覧するためには，縮刷版の書架にとりにいく．しかし，これも場所をとるために，その代わりにマイクロ写真で所蔵することがある．現在ではこれに加えて，インターネットでの日々の新聞と，オンラインとCD-ROMの過去のデータベースがある．まさに，この様子がハイブリッドな状態である．

a．図書館ポータル

　大学図書館が電子ジャーナルを購読していれば，学生や教員は必要なときにはこれを自分の部屋から使うこともでき大変便利である．しかし，図書館に来

館したとき，図書館の景観にそれは存在しない。書庫にある資料は利用者に見えないように，電子ジャーナルについて何らかの案内がなければ，あるいは，もしそれに気づかなければ使うことができない。

このようにハイブリッドな状態では，これまでの資料の上に電子資料が加わり，単に情報の量が多くなるだけではなく，その情報源がさまざまな箇所に分散して存在しており（たとえば，電子ジャーナルは出版社のサーバー上にある），利用者を導くわかりやすい案内が不可欠となる。

そのために，ハイブリッド・ライブラリーでは2－4図のような図書館ポータルというものがつくられる。[1] ポータルとは，元来，立派な玄関を意味し，

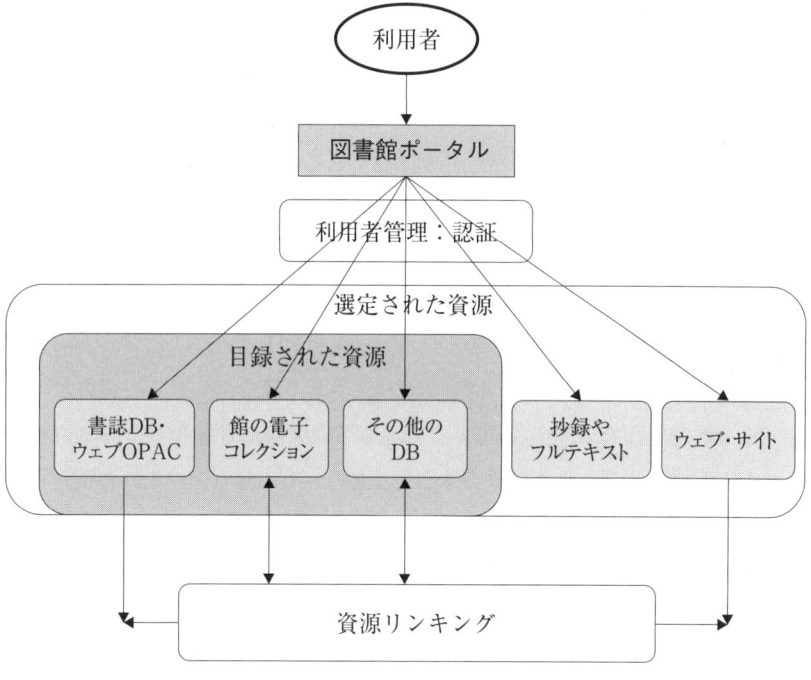

2－4図　図書館ポータルの一つのイメージ（R. W. Boss）

---

1) Boss, R.W.: How to Plan and Implement a Library Portal. *Library Technology Reports*, 38(6), 1-54. (2002).

情報を提供するサイトをいう。たとえばインターネットで「ヤフー（Yahoo）」,「グー（goo）」,「インフォシーク（infoseek）」といった検索エンジンにニュースや辞書や占いなどをつけたサイトがある。これらをインターネット・ポータルと呼んだりする。

図書館ポータルは，図書館における情報サービス全体を示すツールで，ネットワーク上に展開されたものだが，物理的にはコンピュータのモニタ画面である。

ポータルには，単に物理的なものと仮想的なものとを一緒にみられるインタフェースという要素だけでなく，ハイブリッドな状況にまつわるさまざまな困難を解決するための次のような機能が埋め込まれている。

① 利用者の管理機能，つまり提供するサービスのレベル（利用者タイプによるサービスの限定，あるいは有料サービスの決済機能がついている場合の許可の判別に必要）を決めるために利用者を認証する。

② 認証をしたところで，利用者独自のサービス画面を表示すること，つまりパーソナライズを可能とする。一つの形は，MyLibrary（たとえばコーネル大学や京都大学の MyKULINE[1]）という利用者個人の画面が設定できるものがある。そこには，利用者の選択により，日常的に使うデータベースやその他のサービス，あるいはメールなどの道具が表示できる。

③ 2−4図のように，この図書館では，さまざまなサービスを提供している（選定された資源の範囲）。そのうちで，図書館目録などの二次情報があるもの（目録された資源）とそうでないものがある。いずれの情報資源に対しても，ポータルから横断検索（一度に複数のデータベースや検索システムの検索をすること）をかける。

④ 横断検索で発見した資料にリンキングする。資源リンキングとは，書誌的情報と情報の本体とをつなぐことで，情報の本体が図書のような物理的

---

1) コーネル大学：http://www.mylibrary.cornell.edu/services/MyLibrary.html
　京都大学：https://my.kulib.kyoto-u.ac.jp/mylibrary/mybliblogin.html

なものの場合は図書館の排架場所を表示することになるが，もし本体が電子資料ならばそれを即座に画面に表示できるようにすることである。その場合，情報ネットワーク上の資源の所在が確認されても，それを取り出せるかどうかは，提供者との契約による。また，複数の表示が可能ならば，利用者がどの資源を選ぶかは選択となる。

⑤ サービスを受ける場合に，認証が必要で，ときに料金の支払いをしなければならない場合がある。そのような場合に，ポータルを通じて利用者認証と料金決済が可能となる。

図書館ポータルには，これらのステップが設定されており，利用者は最初の画面から，そのメニューにそって，資料を探索し，その結果を検討し，さらに入手という一連の作業を，ハイブリッドな状況，すなわち情報メディアが多様でそして情報源が分散している状況にもかかわらず，一挙に快適に行うことができる。

言い換えれば，図書館ポータルは，図書館が個々の利用者に合致する情報を探しあて，利用者のために種々の手順を踏ませることなく（実際は踏んでいる。ポータルが利用者を確認しているから，認証のためのパスワードなどをいちいち入れずとも先へ進めてくれる）情報を提供するための支援である。

図書館は，これまでもコミュニティに必要な資料の収集によって，人々の利用を援助してきた。しかし，これからの図書館にとって，資料を収集するという対応ばかりでなく，ありとあらゆる方法を使って，要求された情報へのアクセスを確保する必要がある。そのためには，個別の図書館のコレクションの体系化はもとより，可能なかぎりの情報探索のメカニズムをつなげて対応しなくてはならない。図書館ポータルはそのための仕掛けであり，利用者の代理人（エージェント）として機能するものである。

b．場としての図書館

知識や情報を探索し入手するための仲介機能は，図書館ポータルによって，今後，急速な進展が想定されている。しかし，コミュニティの共有の場として

の図書館機能もまた，それとともに発展していくであろう。

　図書館の四つの強みの一つとして，場所については，第1章2（3）p.22に説明した。図書館は，個々の人の自由な読書や学習の場であるとともに，またそこに集うものの情報の交換や，共有の意識を醸成する場である。場とは空間的なスペースを意味するだけではない。人々が図書館に出かけてゆくことによって，安らぎのひとときを得られるのも，あるいは学習への意欲を駆り立てられるのも，同じ意識の人々がそこに集まって場を形成するからであろう。

　2002年に，ロンドンのタワー・ハムレット区に新しい種類の図書館ができた。この地域は図書館の利用者登録率がイギリスとしては極めて低く15％程度だった（全国平均58%）。しかし，調査によると住民には基本的なスキルを身につけようという希望は区民の24％もあったという。そこで，古い図書館を改装して，「週7日，合計71時間開いており，ホワイエ（休憩室，ロビーなど）では勉強も読書もでき，広いカフェでは食事もでき，ホールのいたるところに置かれたインターネットにつながるコンピュータが使える」「アイデア・ストア」という図書館がつくられた。このアイデア・ストアのスタッフには成人教育と図書館の経験者が配置されていて，人々に適切にアドバイスをしてくれる。その結果，古い図書館だったときに比べ，来館者が3倍になり，貸出しは65％増えたという。[1]

　この図書館は，人々の学習ニーズをとり込み，また人々の集う場を提供したのであり，図書館という名称ではなく，「アイデア・ストア」という新しいブランドの形成に成功したのである。

　情報技術は進展していく中で，これからの図書館は情報提供機能をますます高めていくであろう。しかし，それと同時に，コミュニティのクロスロードにある，場としての図書館が新たな構想によりさらに発展していくことも期待できよう。

---

1) United Kingdom. Department for Culture, Media and Sport. *Framework for the Future : Libraries, Learning and Information in the Next Decade.* London, 2003. p. 21-22.

第3章 図書館の種類，その機能と課題

「図書館」は何らかの基準でいくつかの種類に分けることができる。こうした図書館の種類を館種という。館種の区分は，a.設立母体別，b.資料形態別，c.機能別，d.サービス対象別などに基づいて行われる。[1] 今日わが国では，①パブリック・ライブラリー（公共図書館，公立図書館），②大学図書館，③学校図書館，④専門図書館，⑤国立図書館を館種とする例が多い。この5「館種」を設定する軸は，設置者別と説明されてきた。[2] だが同一法人が大学と学校両図書館を設置する例など，この館種の設定法にはぶれがある。[3]

わが国で常用されるこの館種分けは，強いて言えば「d.サービス対象別」である。①パブリック・ライブラリーは地域住民を，②大学図書館は各大学構成員を，③学校図書館は各学校の構成員を，⑤国立図書館は国民全体をサービス対象とした図書館ということができる。

ただし，この館種分けは，現実には日本図書館界の慣行に従うもので，諸外国ではこの区分法が通常であることはない。上述a〜dのように，多様な館種区分法があるからである。

1. パブリック・ライブラリー（公立図書館）

第1にパブリック・ライブラリーをとりあげる。パブリック・ライブラリーを他の図書館と対比した場合，地域社会の全住民を対象とした，住民密着型の文化施設であることが大きな特徴である。パブリック・ライブラリーはすべて

1）図書館情報学ハンドブック編集委員会：図書館情報学ハンドブック［初版］　丸善　1988　p.165-176.
2）　図書館問題研究会：図書館用語辞典　角川書店　1982　p.77.
3）　上記2）の実質的新版（下記）は「設置主体別」との定義部分を削除している。
　　図書館用語辞典編集委員会：最新図書館用語大辞典　柏書房　2004　p.74.

の人の生涯学習に必要な情報を提供し，知る権利を保証する社会的な機関である。わが国における慣習に従えば，この図書館は「公共図書館」と呼ぶとされている。しかし「公立図書館」と呼ぶとする見解も有力である。このことについては，「図書館法」（昭和25年法律第118号）に基づく項目で述べる。

国際連合は「世界人権宣言」第19条で情報関係の権利を明示している。[1]

> すべて人は，意見及び表現の自由に対する権利を有する。この権利は，干渉を受けることなく自己の意見をもつ自由並びにあらゆる手段により，また，国境を越えると否とにかかわりなく，情報及び思想を求め，受け，及び伝える自由を含む。

（1） UNESCO Public Library Manifesto

国連の教育科学文化機関であるUNESCO（ユネスコ）は，世界の国々にパブリック・ライブラリーが普及し，その意義がより良く理解されることを求めて，1949年に"Public Library Manifesto"（公共図書館宣言）を発表した。以後，社会の変化や進展に対応して，1972年，1994年に改定された。これらは，図書館界へ大きく影響した。

a．UNESCO Public Library Manifesto 1949

この「宣言」は，その前文において，"パブリック・ライブラリーがなし得る力を述べることによって，民衆教育，国際理解の増大，そしてそれにより平和の促進に役立つものである"と，UNESCOの所信を表明した。

同宣言は，近代パブリック・ライブラリーの概念を明らかにしている。最初の柱「教育のための民主的機関」では，"パブリック・ライブラリーは近代民主主義の所産であり，生涯教育における民主主義の信条を実証するものである。本来，成人の教育的必要に役立つよう意図されたが，児童・青少年の育成を援助する学校の機能をも補充すべきである"とある。次のようにまとめられる。

①公開，②無料，③公費支弁，④法的根拠，⑤民主的な機関。このうち森耕

---

1) 外務省 http://www.mofa.go.jp/mofaj/gaiko/udhr/1b002.html 2004/09/29.

一は，公開，無料，公費支弁を重視する。森耕一の3点の重視は"公共図書館は公立図書館と表すべし"との主張につながる。[1] 山本順一も同様の見解である。[2] この「宣言」は，アメリカと北欧諸国の図書館の発展に多大な影響を及ぼした。

b．UNESCO Public Library Manifesto 1972

1972年，ユネスコは，国際図書年を記念し，過去四半世紀にパブリック・ライブラリーの世界に起こった変化や進展をとり入れ，次のように大幅な改定を施した。[3]「パブリック・ライブラリーは教育・文化・情報のための民主的な機関」，「蔵書とサービス」，「児童による利用」，「学生による利用」，「身体に障害のある利用者」，「地域社会におけるパブリック・ライブラリー」の見出し項目が設けられた。

以上は次のように整理される。① 全国的規模のサービス網整備を目指した法律に基づいて設立された図書館の協力体制を築く，② 全面的な公費による運営，サービスにあたって直接費用を徴収しない，③ 人種や肌の色，国籍，年齢，性別，宗教，言語などで差別せず，地域社会の全員に等しく無料で公開する。

この改定は上記の三点に集約され，そのもとに全国的な規模でのサービス網と図書館の協力体制の整備を主張している。「1972年の宣言」は第三世界のパブリック・ライブラリーの発展に重要な役割を果たした。

c．UNESCO Public Library Manifesto 1994

"社会と個人の自由，繁栄および発展は人間にとって基本的価値である"に始まる1994年11月に採択された改訂は国際図書館連盟（IFLA）の協力のもとに起草された。[4] 全体の構成は，前文と，「公共図書館」，「公共図書館の使

---

1) 森耕一：公共図書館（日本図書館学講座4）雄山閣 1977 p.15-22.
2) 図書館情報学ハンドブック編集委員会：図書館情報学ハンドブック 第2版：前掲 p.765.
3) UNESCO：ユネスコ公共図書館宣言 今まど子訳『図書館雑誌』68（8）1973 p.232.
4) UNESCO：ユネスコ公共図書館宣言1994年『図書館雑誌』89（4）1995 p.254-255.

命」,「財政・法令・ネットワーク」,「運営と管理」,「宣言の履行」の項目からなる。

「前文」は,パブリック・ライブラリーは地域における知識を得る窓口として,個人および社会集団の"生涯学習,独自の意思決定および文化発展のための基本的条件を提供する"と記す。「財政,法令,ネットワーク」の項目では,パブリック・ライブラリーについて次のように記している。

① 無料を原則とし,地方および国の行政機関が責任をもつ。特定の法令によって維持され,国および地方自治体によって経費が調達される。文化・情報の提供,識字および教育のための主要な機関であること。

② 図書館の全国的な調整および協力を確実にするため,合意された基準による全国的なネットワークを,法令および政策によって推進する。

③ パブリック・ライブラリーネットワークは,「あらゆる図書館」とも関連して計画されるべきである。

「運営と管理」の項目では,① 地域社会の要求に対応した,明確な方針の策定。効果的な組織と専門的な基準による運営。② 関連のある協力者との地方,地域,全国および国際的な段階での協力の確保。③ 地域社会のすべての人々がサービスを実際に利用できる。[建物,施設,技術の駆使,十分な開館時間の設定,アウトリーチ・サービスも必要] ④ 農村や都会地といった異なる地域社会の要求に対応。⑤ 図書館員は利用者と資料源との積極的な仲介者。図書館員の専門教育と継続教育。⑥ 利用者が全資料源から利益を得られるように,利用者教育の計画の実施。の6点を指摘している。

最後に「宣言の履行」として,「国および地方自治体の政策決定者,全世界の図書館界が,この宣言の諸原則を履行するよう強く要請する。」とある。

このように,パブリック・ライブラリーの発展を踏まえての諸原則を明示し,国および地方自治体の役割を指摘したところに,その特徴がみられる。

以上,三代の UNESCO Public Library Manufesto を岩澤聡の言(『カレントアウエアネス』No.225 1998.5.20)を借りて要約する。

すなわち,1949年の宣言は,教育および自己教育の可能性を提供する手段

としての図書館の意義を強調し，情報提供活動に主眼を置いた。1972年宣言においては，「図書館サービスは無料でなくてはならない」と記録された。しかし多くの国で図書館の状況はそのような要件を満たさなかった。1994年の宣言は社会的責任を強調した。

"UNESCO Public Library Manufesto"はよく「ユネスコ公共図書館宣言」と訳されている。だが"無料"を中核におくこの宣言は，"公立図書館"を対象とするものである。"公共""公立"の用語としての問題は次項で追究する。

（2） 図書館法（昭和25年法律第118号）のもとの図書館：日本のパブリック・ライブラリー

昭和25(1950)年4月30日，日本国憲法，教育基本法，社会教育法の下にパブリック・ライブラリーに関する「図書館法」（昭和25年法律第118号）が策定された。同法には評価できる点を多々有するが，館種（名）に関しては困難な問題を残した。

第1は，同法の対象とする図書館を単に「図書館」と表現したことで，パブリック・ライブラリーをそれ以外の館種と区別することを難しくした。

第2は，上記「図書館」として"地方公共団体が設置する公立図書館"を土台としているが，これに"日本赤十字社または「民法」（明治29年法律第89号）第34条の法人が設置する私立図書館"（プライベート・ライブラリー）を加えたことである。

本来，パブリック・ライブラリーとプライベート・ライブラリーは反対語である。"パブリック・ライブラリー"の訳語は"公立図書館"のはずである。ところが，"公立図書館"と"私立図書館"を二つの肢としたため，それらを括る上位の名称が必要とされた。これが「図書館法」上では単に「図書館」とされたため，大学図書館などこれと明白に異なる他館種と弁別し難くなる。そこで"上位の名称"として「図書館」の代りに"公共図書館"をもって当てるという手が往々採られた。こうした名称構造は，旧図書館令（明治32年 勅令第429号）が「図書館」について規定し，その下に「公立図書館」（第13条）と

「私立図書館」(附則) を設けていたことと基軸を同じくするといえよう。

上記の混乱は,「図書館法」の立法準備過程に発するともいえる。最初「公共図書館法案」と予定していたが[1],「図書館法」に納まった。このことについて同法立法事務方・西崎恵は,"図書館"という概念は「社会通念としても図書館と言えば公共性をもつ図書館施設について使われている」[2] からという。

これらの点を踏まえてか,「図書館法」が規定するところの「図書館」を「公共図書館」と称する第二次世界大戦敗戦前からの慣行が維持された。森耕一は"公立図書館"と冠する著作を有するが,『公共図書館』と称する著作 (前掲) を持ち,『図書館の話』では最後の版に至るまで「公共図書館」という表現を続けた。[3] この二つの語について,薬袋秀樹は次の図をもって整理している。[4]

```
    終戦直後          図書館法              現在の一般的使用法
                    ┌ 公立図書館  =  公共図書館
  公共図書館＝図書館 │
                    └ 私立図書館
```

薬袋は"日本の法律上に「公共図書館」との用語はない"として「公立図書館」を当該の語とする。

第1章 総則 公立,私立両種の「図書館」に共通した章である。

同章では上記,同法の法律的な位置づけ (第1条) と公立,私立両図書館の定義 (第2条) の規定に次いで,下記 (第3〜9条) を定めた。

これによると「図書館」は公立図書館 (第2章) と私立図書館 (第3章) に分かれる。公立図書館は,地方公共団体設置の図書館,私立図書館は,日本赤十字社及び民法第34条に規定の公益法人が設置する図書館である。

1950年の同法成立により,日本の公立図書館の本格的な発展が始まった。

---

1) 裏田武夫・小川剛編:図書館法成立史資料 日本図書館協会 1968 473p.
2) 西崎恵:図書館法 羽田書店 1950 p.47 (日本図書館協会 1970 復刻)
3) 森耕一:図書館の話 (第4版) 至誠堂 1981 318p. (至誠堂 至誠堂選書;3)
4) 薬袋秀樹:図書館運動は何を残したか 図書館員の専門性 勁草書房 2001 p.6-8.

1963年の『中小都市における公共図書館の運営』，1970年の『市民の図書館』(いずれも日本図書館協会編刊)をテコとしてさらにレベルアップした。

図書館奉仕（第3条）は"図書館は各号に掲げる次項の実施に努める"として1号から8号に及ぶ項目を示している。その第1号は次のことを記している。(前半略)

　　　図書館資料を収集し，一般公衆の利用に供する。

この図書館資料の「収集」と「利用」（図書館側からは「提供」）は最重点の項目である。だが，同法成立後10年間，地方公共団体の資料費は貧困であった。その状態を綿密に調査し，豊かな資料費こそが図書館活動の根幹であると主張したのが，上述『中小都市における公共図書館の運営』（略称「中小レポート」）である。同レポートを実証したのが1965年創設の日野市立図書館（東京都）であると『市民の図書館』(前掲)は記す。同書のタイトル「市民の図書館」は中小レポートに言う「中小公共図書館」に当たるとする。

『市民の図書館』の重点項目は次のとおりである。
　(1)　市民の求める図書を自由に気軽に貸し出すこと
　(2)　徹底して児童サービスすること
　(3)　全域へサービス網を張り巡らせること

このうち(3)の「全域へサービス網を張りめぐらせること」を「図書館システム」ともいう。[1] 同書を範として，市区町村図書館の設置は1970年代から1980年代にかけてめざましい伸張を示した。サービス内容に関しても，児童サービスの本格化，市区町村全域への移動図書館（BM：book mobile＝自動車図書館）の巡回，地域館の建設が進んだ。「貸し出しを伸ばす運動」[2] が展開され，「貸し出し」は順調に伸びた。また『こうすれば利用がふえる』[3] との出版もなされた。

日本の公立図書館は，前記公立図書館の経年変化に見るように1970年代か

---
1) 図書館問題研究会編：図書館用語辞典（前掲）　p.218.
2) 図書館問題研究会編：図書館用語辞典（前掲）　p.481〈図書館システム〉
3) 公立図書館の経営調査委員会：こうすれば利用がふえる　日本図書館研究会　1997　240p.

3－1表　公立図書館経年変化（1973, 83, 93～2003）

年	図書館数	自動車図書館台数	専任職員数（　）内は兼任	蔵書冊数（千冊）	年間受入図書冊数（千冊）	個人貸出 登録者数（千人）	個人貸出 貸出数（千点）	資料費 前年度決算[注5]	資料費 今年度決算
1973	950	-	6,305　(882)	37,603	2,799	3,382	40,411	28億9179万円	-
1983	1,487	530	10,820　(963)	97,172	10,645	10,947	188,280	146　6574	146億3510万円
1993	2,118	651	14,819(1,077)	198,244	17,347	21,950	330,099	307　9246	308　7855
1994	2,207	680	15,274(1,064)	210,082	18,012	23,155	365,256	324　2020	312　2145
1995	2,297	680	15,121(1,102)	223,721	18,977	26,671	395,585	340　3027	328　5222
1996	2,363	683	15,289(1,091)	234,615	18,409	28,536	412,604	349　0813	344　6932
1997	2,450	697	15,474(1,100)	249,649	19,320	30,608	432,874	363　6370	349　4209
1998	2,524	691	15,535(1,156)	263,121	19,318	33,091	453,373	369　6972	350　7383
1999	2,585	682	15,454(1,206)	276,573	19,757	35,755	495,460	361　6139	347　9208
2000	2,639	676	15,276(1,277)	286,950	19,347	37,002	523,571	356　4338	346　1925
2001	2,681	664	15,347(1,258)	299,133	20,633	39,670	532,703	351　9525	342　3836
2002	2,711	661	15,284(1,260)	310,165	19,617	41,445	546,287	353　9420	336　9791
2003	2,759	643	14,928(1,367)	321,811	19,867	42,705	571,064	372　4797	335　4223

『日本の図書館2003』より

注1　私立図書館を含む公共図書館の経年変化。
　2　専任職員数には1995～2003年を除き常勤嘱託を含む。
　3　貸出数には視聴覚資料も含む。
　4　資料費は経常的経費
　5　2003年より，前々年度決算額となる。

ら1990年代にかけて進展を続けた。特に，資料貸出数の上昇には顕著なものがある。一年間の貸出冊数を当該自治体の人口で割った〈貸出密度〉は住民サービスの向上の指数（図書館のパフォーマンス指数）とも理解されている。ただ貸出しに関するこのような関心の高まりは，『市民の図書館』の掲げた三つの目的のうち一つだけが強調されたとの批判がある。同時に「貸出し」とは物

流の次元のものであり，情報化時代には情報の伝達をもカバーする論点を求めるべきとする議論がある。こうした批判に対しては反批判がある。それらの論議をまとめた特集が2004年に出されている。[1]

専門職（第4～6条）　専門的職員，司書，司書補の資格と養成。

第3条の「奉仕」，第4～6条の専門的職員，「司書，司書補」に関することに評価がある。ただし，専門的職員の養成が「講習会」によって行われること，その単位が20単位（図書館法施行規則：司書で見ると初期〈1950年〉15単位，〈1978年〉19単位）で，低単位との批判があり[2]，専門的職員にふさわしい専門教育制度を確立すべきであると主張されている。[3]

第2章　公立図書館

設置（第10条）公立図書館の設置に関する事項は条例で定める。

図書館協議会（第14～16条）

図書館協議会は「置くことができる」機関である。森耕一は，「館長の諮問機関というのでは，権限もいたって小さく，図書館協議会は図書館委員会とか図書館理事会などとはその意義と役割をまったく異にしている」という。

無料制（第17条）入館料，図書館資料の利用の対価を徴収してはならない。

この「無料制」は，近代的な公立図書館に与えられた重大な条件である。図書館法以前の公立図書館が「閲覧料（中略）ヲ徴収スルコトヲ得」（図書館令第13条）とされた歴史に照らしても画期的な規定である。

1）次のような関係特集がある。〈誌上討論「現代社会において公立図書館の果たすべき役割は何か」『図書館界』56（3）2004.9　p.158-188〉
　　根本彰：貸出サービス論批判　1970年代以降の公共図書館をどう評価するか
　　塩見昇：公立図書館のあり方を考える
　　田井郁久雄：『市民の図書館』と「貸出」の意義
　　明定義人：「貸出」を考える
　　糸賀雅児：「地域の情報拠点」への脱却が意味するもの
2）石塚栄二：司書講習の功罪『図書館雑誌』64（2）1970　p.51-53.
3）薬袋秀樹：地方分権委員会の勧告と図書館界の課題　図書館界の現状を打開するために　『図書館雑誌』98（5）1998　p.373.

公立図書館の基準（第18条）：" 望ましい基準 "

　文部[科学]大臣は，図書館の健全な発達を図るために，公立図書館の設置及び運営上望ましい基準を定め，これを教育委員会に提示するとともに一般公衆に対して示すものとする。

　この " 望ましい基準 " の策定は法制定の最初の時期から規定され，その基準の提示が約束されていた。戦前までのような国家による指導が廃止されたので，各図書館に対する支援がなくなるおそれがあり，それを防ぐためにこの基準を策定すべきことが規定されたのである。この実現のため，文部省社会教育審議会（当時）が1967年，1972年に「公立図書館の設置及び運営に関する望ましい基準」案を作成している。だがこれが地方財政を圧迫すると，一部の地方公共団体の教育委員会が反対し，告示されないままになっていた。[1]

　未告示の期間が20年以上の長期となった1980年代後半，前記，文部省社会教育審議会（当時）の「案」も実態にそぐわないと判断した日本図書館協会は図書館政策特別委員会を設け，「望ましい基準」に代わる「公立図書館の任務と目標」を策定し『図書館雑誌』1987年9月号に発表した。[2] 1995年に解説版を，2000年にその増補修訂版を出した。

　ところが，文部科学省は2001年7月「公立図書館の設置及び運営上の望ましい基準」を策定，告示した。しかし，この「望ましい基準」は「数値目標」として有効な働きをするとは考え難い。『日本の図書館』（最新版）が集計した " 活動上位の公立図書館の実績数値 " を活用するとよいと記すにとどまっているからである。それ以外にも多々問題点を含んでいる。たとえば，この告示はコンピュータ化が進展した今日的状況を投影して，〈3　都道府県立図書館〉の(3)都道府県立図書館と市町村立図書館のネットワークという項などを設け，全公立図書館間の情報資源共有を望んでいる。

---

1)　北克一・村上泰子：公立図書館の政策方針と「望ましい基準」『図書館界』54（5）2002　p.224-232.
2)　日本図書館協会図書館政策特別委員会編：公立図書館の任務と目標解説　日本図書館協会　1989　69p. 同2004年改訂版　日本図書館協会　2004　107p.

この点，日本図書館協会図書館政策特別委員会編：『公立図書館の任務と目標　解説　改訂版』（日本図書館協会 2004 107p.）は，より綿密に指示している。[1] そうした書誌的協力の具体的所産が，『公立図書館総合目録ネットワーク・プロジェクト』（パイロット電子図書館プロジェクト）である。[2]

これは全国の都道府県図書館等提出の和書書誌情報をもとに国立国会図書館が総合目録データベースに作成する実験プロジェクトである。第2期には政令指定都市立図書館のデータを統合化してデータベースを構築した。こののち書誌データ件数が増え，参加館が大幅に増加し，全国の公共図書館が広く参加できるネットワークシステムとなった。

1998年度からは，国立国会図書館の図書館協力事業の一環として総合目録ネットワーク事業が位置づけられ，国立国会図書館，全国の都道府県立図書館などが所蔵する和図書資料のデータ提供を受け，同一の書誌情報を同定し，その情報を提供している。2003年現在，データ提供館は48館，ネットワーク参加館は840館である。図書館資料を共有化し，相互貸借などを支援するためには，全国的な総合目録は不可欠であり，事業に対する期待は大きい。今後はシステム的・技術的な展望，データ提供館数の増加，都道府県内の地域ネットワークとの関係，資料の相互貸借のルールづくりが課題となっている。

公立図書館の最低基準（第19条）：「望ましい基準」の策定で削除

この規定の削除は「図書館の補助」に関する次の4か条の削除と関係する。

「最低基準」は「国から補助金の交付を受けるために必要な最低の基準」であった。資料増加冊数，司書・司書補の人数，建物の広さについて最低基準を規定し，司書の配置を保障していた。この条項の削除に対しては批判がある。[3]

図書館の補助（第20～23条）

第20条（国庫補助）

　　国は図書館を設置する地方公共団体に対し，予算の範囲内において図

---

1) 日本図書館協会図書館政策特別委員会編：（前掲）同2004年改訂版　p.83-84.
2) 図書館用語辞典編集委員会：最新図書館用語大辞典（前掲）p.459-460.
3) 松井純子：有資格者配置のために『図書館界』50（2）p.49.

書館の施設，設備に要する経費その他必要な経費の一部を補助する。
　2　前項の補助金の交付に関し必要な事項は，政令で定める。

本条の規定は，1959年の改訂で「運営に関する費用」が取り消されたのち変更がない。しかし第21～23条は，1999年に削除された。政府の"小さな政府"政策によるが，「規制緩和」の意図もある。

第21条は，交付金を受ける地方の図書館が前記「最低基準」に達していることを条件としていた。しかし「最低基準」の廃止と平行して削除された。

第3章　私立図書館（第24～28条）

私立図書館について図書館法第2条2項は次のように規定している。
　　日本赤十字社又は民法第34条の法人が設置する図書館。
本章における中心的規定は下記の条項と考えられる。
　　第28条（入場料等）私立図書館は，入場料その他図書館資料の利用に対する対価を徴収することができる。

私立図書館にはニューヨーク公共図書館[1]のように大活躍する図書館がある。日本では敗戦期に854館存在したが，2003年には24館に減少している。[2]
　　図書館と同種の施設（第29条）は何人もこれを設置することができる。

（3）　公立図書館の地殻変動

上記，同種施設に関する規定が今日，図書館法によらない図書館を産む根拠となっているとの指摘がある。[3] 当条が図書館の経営委託につながるとみる。

国策における構造改革の波は，図書館運営にも及んでいる。補助金の限りない廃止は，それにともなう国による規制の廃止，別の角度からは地方分権といわれる。[4] しかし，公立図書館を経営している地方公共団体は，財政の都合か

1）菅谷明子：未来をつくる図書館　ニューヨークからの報告　岩波書店　2003　230p.
2）日本図書館協会図書館調査委員会：日本の図書館　統計と名簿　2003［年］日本図書館協会　2004　p.190.
3）塩見昇・山口源治郎編著：図書館法と現代の図書館　日本図書館協会　2001　p.203.
4）地方分権一括法　平成12年4月施行。総務省ホームページ。
　　　　　　　　　　　　　（http://www.soumu.go.jp/c-gyousei/　2004/9/03.）

ら経営委託に追い込まれつつある。

　図書館経営の委託問題では，NPO法，PFI法に基づく図書館経営，さらには，指定管理者制度の導入問題（地方自治法第244条関係）がある。

　1998年「特定非営利活動促進法」(NPO法) が成立した。同法による例は高知子ども図書館(1999)，MCL（宮崎市図書館）ボランティア(2000)がある。

　1990年代から通商産業省，農林水産省，防衛施設庁などの補助金による複合施設図書館が出現した。これらは独自法に立ち，公立であるが図書館法上は「図書館」（第2章）ではなく，図書館類似施設（第29条）である。「公立図書館の設置及び運営上の望ましい基準」（本法第18条）の適用もない。

　また「民間資金等の活用による公共施設等の整備等の促進に関する法律」(PFI法　1999：Private Finance Initiative) 問題がある。この法律に基づいて民間の出資者によって設立されるSPC（Special Purpose Company）がPFI業者として公共事業を行うものである。2004年8月，三重県桑名市立中央図書館がこの形に組織替えした。国庫補助金の縮小（1998）によってPFIの参入が増えるとの予測も立てられる。図書館の委託は重大な問題となっている。

　さらに，指定管理者制度が始まろうとしている。委託化の最先端の動きである。指定管理者制度[2]は民法244条にある「公の施設」を公共的団体に管理委託できるとした管理委託制度に代り新設された制度である。2003年6月の法改正により成立した。自治体が50％以上出資した法人など公共的団体，営利企業，民間事業者に，契約に基づいて権限を委任するもので，施設の管理だけでなく運営も委託できる。一定の範囲で利用料金を自由に設定し収入とすることもある。また利潤を上乗せした施設利用料金の徴収が懸念される。また，運営への住民参加や住民や議会によるチェック機能の法的な裏づけを欠き，公平な運営の保証がないなどの点が挙げられている。さらに，図書館の中立性の確保，図書館の自由の保障，司書職の制度化などに知識の蓄積を有する企業がないとの

1）シンポジウム「現代の委託」（アウトソーシング）を考える『図書館界』55（2）2003　p.62-93.
2）図書館用語辞典編集委員会：最新図書館用語大辞典（前掲）p.183-184.

営利組織によるサービス供給

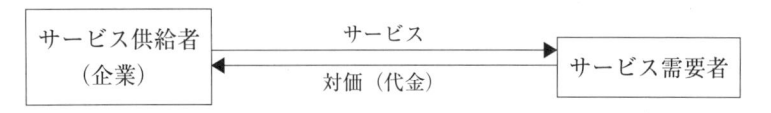

```
┌──────────────┐    サービス    ┌──────────────┐
│ サービス供給者 │ ─────────→  │              │
│   （企業）    │ ←─────────  │ サービス需要者 │
└──────────────┘  対価（代金）  └──────────────┘
```

非営利組織によるサービス供給

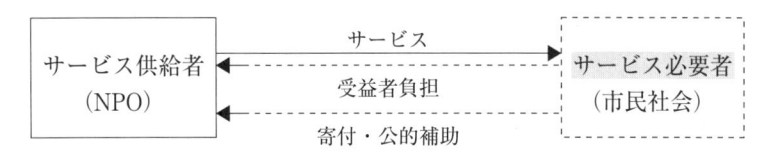

```
┌──────────────┐    サービス    ┌ ─ ─ ─ ─ ─ ─ ┐
│ サービス供給者 │ ─────────→   │ サービス必要者 │
│   （NPO）    │ ←─ ─ ─ ─ ─   │  （市民社会） │
└──────────────┘  受益者負担    └ ─ ─ ─ ─ ─ ─ ┘
                  寄付・公的補助
```

3-1図　営利組織と非営利組織のサービス供給と資金の流れの違い[1]

懸念もある。NPO法やPFI法に基づく図書館は，非営利組織と表現される。3-1図に営利組織と非営利組織のサービス供給と資金の流れを比較する。

（4）パブリック・ライブラリーの課題

パブリック・ライブラリーは，地域のあらゆる住民を利用対象者とし，年齢，職業，性別，障害者，国籍の別なく，すべての人々にサービスを行う。

現代「小さな政府」政策による補助金制度の縮小は，補助金の限りない減少によって，館長の専門資格要件規定の削除，「公立図書館の最低基準」の削除と図書館員配置の保障の消滅など問題を生じた。構造改革は市町村合併に進み，個性的な町立図書館が大都市図書館に組み込まれる。

こうした「図書館」に対する批判は多いが，一方でこのような形で設置される図書館，特に職員に対する館界の対応が今後課題となるであろう。職員問題は，専門職制推進の停滞を初めとして，非専任化が進んでいる。資料予算も減少し，新たに対応すべき問題も出ている。

一方，外国人などの多文化に対するサービス，種々のアウトリーチ・サービ

1）細谷洋子：NPO（民間非営利組織）と図書館活動『みんなの図書館』262号（1999／2 p.54）からの引用。

スの充実,学校図書館との連携などが進んでいるが,日本において比較的新しいサービスとしてブックスタート[1]など乳児への図書館サービスの開拓がある。これは,保健所へ検診に訪れる乳児(日本では3か月検診)に,図書館員が,絵本を読み,その本と親向けの読み聞かせアドバイス冊子を贈呈し,読書習慣に導こうとするものである。ただ,わが国では,図書館員自身が常時かかわる余裕がないままにボランティアに頼ってこのサービスを始める例が見られる。このサービスの実施主体が今後NPO組織に委ねられるおそれもあり,図書館サービスとしての意味づけが求められよう。

そのほか,著作権問題,とくに公共貸与権(Public Lending Right:PLR=公貸権)[2]の導入は公立図書館にとっての大きな課題である。公貸権は,通常は著作権者が自己の著作物を公に貸す権利のことである。これが図書館などとの関係では,貸し出された著作物の著者が,その貸出しによってもたらされた財産権の侵害(損失)の補償を図書館等から受ける権利ということになる。デンマークで1946年に実施され,日本の著作権法にも1984年「貸与権」が創設されたが,わが国図書館界の反応は強いとは言えない状態である。

そうしたなか「ビジネス支援図書館」,「問題解決型図書館」,「地域の情報拠点としての図書館」,「Lプラン21」[3]などに関する糸賀雅児[4],根本彰[5]などの熱心な関わりが見られ,実効が認められる。

「パブリック・ライブラリー」に関しては最も基本的な問題が1世紀にわたって未解決のままである。「公共図書館」と「公立図書館」の用語の交錯的使用である。すなわち,「公共図書館」を「公立図書館」とほぼ同意味で使用する例がある。「ユネスコ公共図書館宣言」という場合の「公共」は「公立」であろう。しかし「"図書館法"は本来"公共図書館法"であった」という場

---

1) 図書館用語辞典編集委員会;最新図書館用語大辞典(前掲)p.490.
2) 日本図書館情報学会編;図書館情報学用語辞典 第2版(前掲)p.65.
3) 日本図書館協会町村図書館活動推進委員会:図書館による町村ルネッサンス Lプラン21 21世紀の町村図書館振興をめざす政策提言 日本図書館協会 2001 62p.
4) http://www.flet.keio.ac.jp/member/itoga.html.
5) 根本彰:情報基盤としての図書館 勁草書房 2002 255p.

合の「公共図書館」は「図書館法」の構造（第2章 公立図書館，第3章 私立図書館）から見て，「公立図書館」と［私立図書館］を含み，「公立」とは異なる意味となるであろう。日本の図書館界は，『中小都市における公共図書館の運営』，"全国公共図書館協議会"というかたちで"公共"なる名称を用いる一方，『公立図書館の任務と目標』など，"公立"に固執した用語法も見せている。しかし全般的には"両刀使い"の域にある。

　薬袋秀樹は，既述"公立図書館"を一本に用いる立場を堅持している。無料，公費支弁制に鑑み，パブリック・ライブラリーが"公立"であるべきことは疑いない。問題は現行を含めた慣習的な"公共図書館"の語の使用にあるであろう。この情況下，上記のような公立図書館の主体性に議論を呼ぶような経営形態の"公共図書館"が出現している。

2. 大 学 図 書 館

　大学図書館は，日本の法規上，図書館法，学校図書館法のいずれもの枠外にある図書館である。狭義の「大学図書館」は4年制大学の図書館である。大規模大学では，学部・学科図書室，研究所図書館(室)などがある。

　大学図書館は，「学生，教授団，教職員の情報要求に応え，教育・研究プログラムを支援するために，大学によって設立，支援，運営される図書館」であり，メインライブラリー（本館）は大学全体の利用を支え，学部図書館は，「特定の学部の専門に関連するコレクションを持ち，その学部によって独自に運営されるか，あるいは総合大学図書館の一部門として運営される図書館」と説明される。[1]

(1) 日本の大学図書館：概説

　わが国では1877年10月，東京大学構内に設立されたものが最初の独立の大

---

1) Heartsill, Y.: ALA図書館情報学辞典　丸山昭二郎［ほか］訳　丸善　1988　p.138.

学図書館である。現代日本の大学は次の目的をもって設置されている。(学校教育法第52条)

> 大学は学術の中心として,広く知識を授けるとともに深く専門の学芸教授研究をし,知的,道徳的及び応用的能力を展開させることを目的とする。

大学図書館には,図書館法(1950),学校図書館法(1953)の適用はない。学校図書館法は小学校,中学校,高等学校及びそれに相当する学校に適用され,学校図書館法の適用外である上級学校の図書館をまとめて大学図書館と呼ぶ。日本の図書館法制上,大学図書館とは,狭義では4年制大学を指すが,広義には,①[4年制]大学図書館,②短期大学図書館,③高等専門学校図書館がそれにあたる。[1] 大学図書館の水準を維持し,その活動を推進するためには何らかの基準が必要である。大学図書館全体に適用される単独法規はない。それぞれに対して文部(科学)省令が定める設置基準(大学設置基準 昭和31年文部省令第28号,短期大学設置基準 昭和50年 文部省令第21号,高等専門学校設置基準 昭和36年 文部省令第23号)の下で大学図書館の設置が義務づけられている。

大学図書館は4年制大学,短期大学,高等専門学校にわたり,国立,公立,私立大学として設置される。1952年に大学基準協会が「大学図書館基準」を策定した。

a．国立大学法人の図書館

国立学校設置法(昭和24年法律第150号)は第6条に「国立大学に,附属図書館を置く」と規定していた。これに基づいて国立大学に附属図書館が設置され継続されてきた。しかし2003年10月の国立大学法人法の施行に伴い国立学校設置法は廃止された。国立大学法人法には図書館の設置を規定する条項はなく,国立大学の図書館は公立,私立大学と同様に文部科学省令の大学設置基準にのみ設置根拠をもつこととなり,名称から「附属」をはずした大学もある。

また,法人化後の国立大学の主要な運営財源である国からの交付金は定常的

---

1) 日本図書館情報学会編:図書館情報学用語辞典 第2版 (前掲) p.134.

な削減が予定されており，今後，人員（正規図書館職員）と運営費・資料費の削減など図書館への影響が懸念される。

なお「国立大学図書館改善要項」は後の「大学図書館基準と図書館改善要項」で扱う。

b．公立大学図書館

公立大学図書館は地方自治体制定の条例で設置する大学の下に設置される。うち 2000 年前後から下記のように図書館以外の名称を採る大学がある。

　学術情報(総合)センター：横浜市立大学，大阪市立大学，大阪府立大学，
　　兵庫県立大学

　(総合)情報センター：福井県立大学，宮城大学，会津大学

　図書館・情報センター：秋田県立大学，滋賀県立大学，長崎県立大学メ
　　ディアセンター：岩手県立大学，島根県立大学

公立大学は，2004 年 4 月に発効した独立行政法人法に基づき多くが独立法人化し，附属図書館も独立法人内の組織となる。

c．私立大学図書館

私立大学図書館では，国立学校の場合のような，その設置に関する明確な法規はない。大学の基準に適合させるよう指導する国レベルの規定が「大学設置基準」である(前出)。同"基準"第36条「校舎等施設」に「大学には少なくとも次に掲げる施設を備えた校舎を有するものとする」と規定され，その第 3 に図書館がある。また 1982 年の改正で整備を図り情報環境の変化に対応した。

d．短期大学図書館

短期大学は1950年に発足（学校教育法 1947 年：第69条の 2 ＝1949 年改正)。

　深く専門の学芸を教授研究し職業又は実際生活に必要な能力を育成する。

短期大学（以下，本項では「短大」）図書館は，短期大学設置基準（昭和 50 年文部省令第21号）の第28条（校舎等）第 1 項 3 号および第29条（図書等の資料及び図書館）の全 5 号によって位置づけられている。短大には，国立，公

3 - 2表　大学図書館経年変化（2000〜2003）

年	図書館数	年間受入図書冊数（千冊）	館外個人貸出数（千点）（学生）	文献複写実施館	参考業務実施館	前年度資料費決算額（百万円）（うち図書購入費）	学生数
国立大学							
2000	302	1,708	7,044　（5,703）	251	262	24,271　（8,205）	624,083
2001	297	1,743	6,945　（5,703）	251	268	23,146　（7,854）	622,679
2002	298	1,714	6,809　（5,744）	251	269	22,257　（7,728）	621,488
2003	294	1,847	6,703　（5,695）	256	266	22,019　（7,223）	622,404
公立大学							
2000	101	641	1,509　（1,176）	79	95	4,449　（2,209）	107,191
2001	105	612	1,683　（1,251）	78	96	4,089　（1,959）	112,524
2002	107	545	1,096　（1,373）	84	98	3,871　（1,767）	116,706
2003	108	521	1,750　（1,320）	86	100	3,728　（1,241）	120,463
私立大学							
2000	792	4,942	17,493　（14,542）	675	676	45,585　（22,102）	2,008,747
2001	818	4,988	17,642　（14,672）	695	698	44,770　（21,905）	2,080,494
2002	809	4,810	17,750　（14,766）	727	710	44,497　（21,311）	2,047,881
2003	855	4,693	18,166　（14,928）	760	734	44,390　（20,994）	2,001,110

短期大学

年	図書館数	年	図書館数	年	図書館数
1989	394	1996	433	2000	384
1993	447	1997	428	2001	364
1994	454	1998	419	2002	345
1995	440	1999	410	2003	324

『日本の図書館2003』
（日本図書館協会　2004）より

立，私立の三種があり，公私立短期大学に関して"短期大学図書館改善要項"が作成されている。短大図書館は，4年制大学や付設学校と共用するケースがある。

　短大の経営悪化例は少なくない。この状況のなか短大図書館の職員数は平均2.1名と低い（2-2表参照）。また4年制大学などへの組織替えを試みるところも多々ある。だが図書館利用教育等の積極的な活動には光るものもある。[1]

---

1) 全国図書館大会記録（平成14年度　第88回）進化する図書館，未来を拓く群馬から　日本図書館協会　2002　p.107-122.

e．高等専門学校図書館

　高等専門学校（以下，高専）は1962年，学校教育法（改正の第70条の2）に基づき，中学校卒業者を基準に5年間，一貫教育を施す教育機関である。
　　深く専門の学芸を教授し，職業に必要な能力を育成すること…。
　工業系で国立54校，公立5校，私立3校がある。このうち国立高等専門学校は2004年4月から独立行政法人国立「高等専門学校機構」の下に組織された。
　高専図書館は，「高等専門学校設置基準」（昭和36年　文部省令第23号）の第23条（校舎等）の第3号によって図書館の設置が定められ，同25条（図書等の資料及び図書館）の第2項によってその内容が規定されている。
　高専からの大学への編入学が規定されている。（学校教育法第70条の9）。高専は中堅指導者を養成する就職教育機関から，進学教育の双方に対処するため，情報リテラシー教育，図書館利用教育を進める必要があるであろう。[1]

（2）　大学基準と図書館改善要項

　大学基準協会は1952年6月17日，「大学図書館基準」を策定した。大学図書館を設置するためのものである。だがその基準内容は貧しいものであった。そこで大学図書館基準の不備を補い，大学図書館の，研究・教育支援機能改善のための予算獲得手段として，設立母体別の大学図書館協会はそれぞれに「大学図書館改善要項」を作成した。

　　1953年「国立大学図書館改善要項」（文部省国立大学図書館改善要項研究会）
　　1956年「私立大学図書館改善要項」（私立大学図書館協会）
　　1961年「公立大学図書館改善要項」（公立大学図書館協議会）
　　同　年「私立短期大学図書館改善要項」（日本私立短期大学協会）
　　1978年「公立短期大学図書館改善要項」（公立短期大学図書館協議会）

1）橋洋平「高専図書館で情報リテラシー教育は可能か？」『大学の図書館』No.334　第20巻9号　2001.9　pp.170-172．

これらの改善要項は時代に応じて改訂され，大学図書館充実の推進力となった。また大学図書館間の連絡が密になり，ネットワーク化などにつながった。

　1986年，学術情報センター（NACSIS：National Center for Science Information Systems）が発足した。前身は東京大学文献情報センター（1980年）である。学術情報センターは，共同目録（NACSIS－CAT），書誌ユーティリティを形成し NACSIS－ILL，NACSIS－ELS などに拡張した。2000年4月，組織替えして国立情報学研究所（NII：National Institute of Informatics）となり2004年4月から大学共同利用機関法人情報・システム研究機構国立情報学研究所となった。

（3）　大学図書館の今後の課題

　OPAC（Online Public Access Catalog）が充実し書誌ユーティリティ（NIIなど）への加入で，大学図書館の目録作成，図書館間協力が充実してきた。[1]

　しかし，定員法に基づく正規職員の定員削減問題など，困難な状況におかれている。専門職員採用試験は，国立学校図書館職員に関して1963年から1971年まで，上級（甲，乙），中級の人事院試験として行われた。1972年以降は，国立国家公務員採用試験の「図書館学」として上級（乙のみ）と中級の試験となる。1984年からは二種試験（中級）のみとなった。2004年度から国立大学の独立法人化によって図書館職員専用の採用試験はなくなり，「国立大学法人等職員採用試験」に依る試験となり，北海道，東北，関東甲信越，東海・北陸，近畿，中国・四国，九州の7つの地区実施委員会により実施される。[2]

3．学　校　図　書　館

　学校教育法（昭和22年法律第26号）第1条によると，「学校」とは大学以下のすべての学校である。また図書館法（昭和25年法律第118号）第2条による

---

1) 図書館用語辞典編集委員会：最新図書館用語大辞典（前掲）p.123.
2) http://www.ac－net.org/dgh/blog/archives/cat_niacoeeeiee.html（2006/10/20）

と「学校に附属する図書館」には大学図書館以下の全学校の図書館が入る。学校図書館法（昭和28年法律第185号）第2条では，小学校，中学校，高等学校に設置された図書館，図書室を指している。換言すると，初等中等教育のための学校に置かれた図書館，図書室（以下，「学校図書館」とする）である。本稿では「学校図書館」を，この「学校図書館法」のいう図書館とする。

　19世紀中葉前後に先進諸国で初等中等教育が成立してのち，学校図書館は学校教育の教育思潮，教育政策，社会文化環境の変遷等に伴って変化してきた。

　教育が教師の講義と教科書にのみ依っている限り，学校図書館は不要であった。国際的に見てもジョン・デューイ（1859～1952）の児童・生徒中心の教育論の成立と教育運動の展開によって学校図書館(室)は，必須，重要な施設とする方向へ進み，欧米の学校図書館は充実発展した。

　国定教科書に拘束されていた第2次世界大戦敗戦前のわが国においては，補助教材，教師の調べもの，教材のための資料室を越える程度の学校図書室さえ多くはなかった。私立学校，師範学校附属学校，有為の校友会などが造った公立（旧制）中等学校，女学校の図書館がわずかに目につく状態にとどまっていた。学校図書館の設置を促す法規の類もなかった。

　第2次世界大戦の敗戦で，アメリカ占領軍による学校図書館設置の指導が行われた。欧米では，既にこの時期には学校図書館の機能に対する評価が確立していたからである。この指導のもとに学校教育法が成り，同法の下の学校教育法施行規則（昭和22年法律第11号）第1条に，「学校には，その学校の目的を実現するために必要な校地，校舎，校具，運動場，図書館又は図書室，保健室その他の設備を設けなければならない」と定められた。同年（1947）『学校図書館の手引』（文部省編）が刊行された。わずか126ページの小冊子ではあったが，わが国において「学校図書館」のあるべき姿を最初に明確に表したものであった。これらをもとにして，1953年，学校図書館法（昭和28年法律第185号）が成立し，日本の学校図書館活動はこれをもとに展開した。

（1） 学校図書館法（1953）のもとの学校図書館：日本の学校図書館

「学校図書館法」は最初，第1章，第2章，第3章で構成されたが，1966年第2章が削除され，現在は，第1章（総則：第1〜7条），第3章（国の負担：第9〜15条）及び附則によってなっている。1970年代，わが国の学校図書館は，学習センター・教材センターとしての可能性を探り始めた。1980年代には，メディアセンターを意識するようになる。これには1975年や1988年の米国「学校図書館基準」の影響が大きい。ここでは学校図書館法について概観したい。

第1章　総則（第1〜7条）

第1条　**目的**

学校教育において欠くことのできない基礎的な設備である（以下，略）。

第2条　**定義**

小学校，中学校，高等学校（盲学校，聾学校，養護学校を含む）の図書館。図書，視覚聴覚教育の資料を，収集整理，保存し，児童または生徒及び教員の利用に供し，学校の教育課程の展開に寄与すること，及び児童又は生徒の健全な教養を育成することを目的として設けられる。

教育課程の展開に寄与し，児童，生徒の健全な教養育成を目的とするところに，図書館法などと異なる点がある。

第3条　**設置義務**：学校には，学校図書館を設けなければならない。

上記第2条内の「学校の教育課程の展開に寄与する」という目的に沿って義務設置とされる。

第4条　**学校図書館の運営**

学校は，おおむね左（次）の各号に掲げるような方法によって，学校図書館を児童又は生徒及び教員の利用に供するものとする。

1　図書館資料を収集し，児童又は生徒及び教員の利用に供する

2　図書館資料の分類排列をし，目録を整備する

3　読書会，研究会，鑑賞会，映写会，資料展示会等を行う
　　　4　図書館資料，図書館の利用に関し児童又は生徒を指導する
　　　5　他の学校図書館，図書館，博物館，公民館等と連絡協力する
　②　学校図書館は，その目的を達成するのに支障のない限度において，一般公衆に利用させることができる

「図書館利用(者)教育」や「読書指導」の根拠規定が上記3にある。図書館活用上不可欠のことである。[1]

　第2項において学校図書館の公開が規定された。1960年代末には学校図書館の開放を実施し，そのための指導員を置く市（神戸市など）が現れた。[2]

　　第5条　**司書教諭**［及び，司書教諭の資格，司書教諭講習］
　学校図書館の専門的職務に当たる司書教諭をおく。しかしこの「司書教諭必置」については「当分の間，司書教諭を置かないことができる」と規定し実質的に骨抜きだった。司書教諭が公立学校に置かれる例は極くまれだった。この状況下，学校司書という図書館担当の職務がつくられていった。
　司書教諭に関する規定は，1997年の改訂によって次のように改訂された。

　　学校には，平成15年3月31日までの間政令で定める規模以下の学校にあっては当分の間，司書教諭を置かないことができる。（附則2）

改訂により2003年度から12学級以上の学校に司書教諭を置くものとした。
　学校図書館司書教諭講習規程が改定された。（第7章 p.157参照）
　国は，学校図書館を整備し，及びその充実を図る（第7条　国の任務）。
　　　1　学校図書館の整備・充実，司書教諭養成の総合的計画を樹立する。
　　　2　学校図書館の設置及び運営に，専門的な指導及び勧告を与える。
　　　3　前号の外，学校図書館の整備，充実のために必要な措置を講ずる。
　この規定にもとづいて，文部(科学)省は「学校図書館基準」（学校図書館施

---

1) 文部省：小学校・中学校における学校図書館の利用と指導　ぎょうせい　1983　197p. 同書では図書館利用の指導は次のように分けられている。
　　①　オリエンテーション，②利用指導，③読書指導
2) 全国学校図書館協議会編：『学校図書館の地域開放』全国SLA　1981　185p.

行令 1954, 1959),『学校図書館の手引き』(1959,ただし初版は1947年発行),『小・中学校における学校図書館利用の手引』(1961),『学校図書館の管理と運営』(1963),1993年「学校図書館図書標準」を発表した。

文部省『学校図書館基準』(1959)は次のように記している。
1. 学校図書館は奉仕機関である。児童・生徒および教師の必要に応じて資料を提供し,教育課程の展開に寄与する。
2. 学校図書館はまた指導機関である。問題解決のために図書館を有効に利用する方法を会得させ,読書指導によって読書を習慣づける。

『小・中学校における学校図書館利用の手引』(1961)は,学校図書館活動全体を「広義における学校図書館の利用指導」と呼び,そのなかを「学習の効果を高めるための図書館の利用およびその利用をうながす指導」,「読書指導」,「狭義における学校図書館の利用指導」に分け,「読書指導」をも包括した。

他方,全国学校図書館協議会(全国SLA)の活動がある。1950年創立時は法律上任意団体であったが,1998年法人化した。機関誌『学校図書館』(月刊),『学校図書館基本図書目録』(年刊)を出し,「学校図書館図書選定基準」,「学校図書館メディア基準」を策定して全国の学校図書館を指導している。

(2) 学校図書館の課題

1998年,教育課程審議会は,教科書を使わず,教師の工夫により横断的,総合的に学習を進める「総合的な学習の時間」を提唱し,これが「新学習指導要領」に盛り込まれた。小・中学校では2002年度から,高等学校では2003年度から実施された。学校図書館に対する教師,児童・生徒の要求や利用は著しく伸びた。

文部(科学)省の「学校図書館図書整備5ヵ年計画」(前出)が出された。[1]「インターネット接続計画」,「先進的教育用ネットワークモデル地域事業」「光ファイバー網による学校ネットワーク活用方法研究開発事業」など[2] 多々モデ

---

1) 中村静子:多様な学習環境と図書館メディアの構築『分類・目録法入門 新改訂第4版 メディアの構成』(志保田務[ほか]) 第一法規 2005 (予稿) p.147.
2) 文部科学省「学校における情報教育の実態に関する調査」2003.3.31.

ル事業が実施されている。学校図書館活動の進展には，新しい展開が期待できそうにも見える。

(3) 学校図書館と公共図書館の連係

児童・生徒の成長は，その地域での読書環境とかかわっていると考えられる。そのために，地域社会における図書館サービス，学校図書館と，地域の子ども文庫相互の協力・提携の可能性を探りたいところである。[1] しかしそうした計画は，掛け声以上には十分の展開を実現していない状況がある。

実現している例として，千葉県市川市のような公共図書館とのネットワーク化[2] の例が現れている。また市川市ではコンビニエンス・ストア店頭に置かれたマルチメディア端末から市立図書館の資料貸出予約などができる。[3]

大阪府箕面市の公立図書館及び学校図書館の協力がある。[4] 公立図書館，学校図書館それぞれのシステムで保有する蔵書情報から，検索に必要な項目を標準化し抽出することで，双方の蔵書情報を横断的にインターネットで検索できるシステムとなっている。

2003年4月から，12学級以上の学校で「司書教諭必置」が始まった。しかしその任命等は2004年2月の段階では安定していないと指摘された。[5]

教育委員会発令の司書教諭の発令が今後進むか，その内容が充実するか，これからの展開を見守る必要がある。

---

1) 竹内悊：コミュニティと図書館（講座 図書館の理論と実際 第8巻）雄山閣出版 1995 257p.
2) 『21世紀の学校図書館をめざして－公共図書館と学校を結ぶネットワーク―』市川市教育委員会（学校図書館情報化・活性化推進モデル地域事業）
3) 市川市，総務省：地域公共ネットワークで利用されるアプリケーションに関する調査 2003.
4) 総務省「地域公共ネットワークで利用されるアプリケーションに関する調査」箕面市立図書館 http://www2.city.minoh.osaka.jp/CYUUOULIB/.
5) 川原亜希代［ほか］：司書教諭の発令の現状と課題ならびに養成について『図書館界』56(2) p.138-144.

4．専門図書館

（1） 専門図書館の概要

　専門図書館（special library）という概念は，一般図書館（general library）としての公共，大学，学校の各図書館に対応している。これは現象的な定義である。"一般的"に対する"専門的"という表現には，分野の特殊化性，レベルの高度性という意味がある。後者の場合，学術図書館（academic library）という館種となりうるが，大学(院)の図書館などがこれに含まれ得るから，大学図書館と類別できない。そこで前者，主題範囲の限定面に着目した定義が次になされる。しかし各専門図書館を分野に特化することもできない。

　『図書館情報学用語辞典』は専門図書館を「事業の執行機関としての組織の業務実施の支援機能として設けられ，組織の構成員に対するサービスを任務とし，組織の経費負担によって維持される図書館と定義できる。」[1] とする。

　この定義のもとでは，地方議会図書館，裁判所図書館，官公庁図書館，企業や学協会の図書館などが「専門図書館」となる。法律上，設置が規定されているのは，地方議会図書室（地方自治法 昭和22年法律 第67号）第100条14，15号，総合病院図書室（医療法 昭和23年法律第205号）第24条5号などである。このような図書館は，現実に専門図書館協議会の中心的なメンバー館である。これによって，「館種」が協議会の存在と確かな関わりがあることがわかる。

　しかし「専門図書館とは組織の図書館であると一義的には定義できない，現象的な定義と理論的な定義の狭間にある」[2] という。病院患者図書館，刑務所図書館，船員図書館(室)などがある。これらは，専門図書館協議会の中核メンバーというよりも，扱う分野に個性がある。これらの図書館はかつて特殊図書館として区分されたが，不適正であり，「専門図書館」の枠内におかれた。「専

---

1) 日本図書館情報学会編：図書館情報学用語辞典（前掲）p.127.
2) 同上。

門図書館」の定義はやや多義的で，不安定な状態にあった。

(2) 専門図書館協議会

専門図書館の多くは専門図書館協議会に加入している。『専門情報機関総覧2000』（専門図書館協議会編）[1]は専門図書館を次のように区分している。

- （1） 国・政府関係機関・公共企業体
- （2） 地方議会・地方自治体
- （3） 公共図書館（国立を含む）
- （4） 大学・付属研究所
- （5） 学会・協会・団体
- （6） 民間企業
- （7） 国際機関・外国政府
- （8） 美術館・博物館
- （9） その他

専門図書館協議会は，国立国会図書館が中心となり，裁判所図書館，団体図書館，企業図書館，大学附属研究所などが有力会員となっている。こうしたメンバーシップは，他の四つの館種との間に交差分類状態にある。

その組織力的意欲は強く，中央事務局を日本図書館協会に置くなど，日本の図書館界に確かな地歩を築ている。中央では機関誌『専門図書館』を隔月刊行している。これらはこの館種が日本の図書館界にあって十分に認識されるに至っている証左であるが，2003年度現在，法人化を実現していない。また，英米のように学術図書館協会（academic library association）との同一性，あるいは差異性についての厳密な議論も今後に残された問題といえよう。

(3) 専門図書館の課題

専門図書館は，地方議会図書室など一部の構成メンバーを除いて法制度的なバックを有していない。したがって，その設置と維持継続には，専門図書館に携わる職員の高いモチベーションと，不断のアピールを不可欠とするであろう。現在，専門図書館の中核的存在は企業資料室である。企業は営利と企業目的の遂行を重点として活動しているから，その資料室は，企業に確かな手ごた

1） 専門図書館協議会編出版・調査統計委員会編：『専門情報機関総覧2000』専門図書館協議会 2000 索引 93.

えで貢献できるものでなければならない。今日的には情報検索，文献，知識の獲得に有効，明白な効果をあげることが求められる。これは，単に企業資料室の職員に対して要請されるにとどまるものではない。専門図書館は，人員(数)に恵まれない例が多い。こうしたなか，協議会は現職者研修の機会を設け，職員自らは研修機会を逃がさぬよう留意すべきである。

5. 国立国会図書館

(1) 国立図書館の意義, 機能

国立図書館(national library)は国家が設置し，国費で運営する図書館のうち国が国立図書館と指定した図書館であるが，その役割は国によって異なり，標準的な定義は困難である。万国共通の国立図書館の役割は何であろうか。1970年 UNESCO 第16回総会は次のように定義している。①国内出版物を納本[1]として収集し保管する，②全国書誌を作成する，③外国文献の大型コレクションを持つ，④国内書誌情報センターとなる，⑤遡及的全国書誌を刊行する図書館である，⑥一国を代表する立場にある図書館で，その国の中央図書館である，⑦網羅的に収集，保存する国内の資料を国民全体に提供し「図書館の図書館」としての役割を担う。通常，情報流通のネットワークを構築し，ISSN（国際逐次刊行物番号）[2]センター事務局となり，IFLA（国際図書館連盟）など国際関係協議への対応に当たる。なお著作権登録局となる例がある(米国議会図書館)。

(2) 国立図書館の現代と沿革：概要

日 本

a. 国立国会図書館

日本の国立図書館は，昭和23年2月5日に制定の「国立国会図書館法」に

---

1) 納本制度：本項後続の国立国会図書館法第9－10章に関する記述を参照。
2) 1973年ユネスコの UNISIST が設けた逐次刊行物を個別記号化するシステム。

よって設立された国立国会図書館（National Diet Library : NDL）である。中央の図書館と別に，国会分館，行政・司法各部門支部図書館 29 館，支部東洋文庫を置く。国際子ども図書館が 2000 年 5 月に，関西館が 2002 年 10 月に開館した。

同館の活動を国立国会図書館法（前出）に基づいて追っておく。

第1章　設立及び目的：第 1～3 条

第 2 条は，国会議員，行政及び司法の各部門，日本国民を奉仕対象に掲げた。

第2章　館長：第 4～8 条

図書館サービスの面から見て重要なのは次の二つの規定である。

第 7 条（出版物の目録又は索引の出版）

　　館長は，一年を超えない定期間毎に，前期中に日本国内で刊行された出版物の目録又は索引の出版を行うものとする。

第 8 条（法律の索引の作成）

　　館長は，出版に適する様式で日本の法律の索引を作るものとする。

「出版物の目録又は索引の出版」は『雑誌記事索引』，『日本全国書誌』（J－BISC）などに具体化されている。

第3章　副館長ならびにその他の職員及び雇傭人：第 9～10 条

職員及び職責について規定し，副館長の待遇を各省次官と同等とした。

第4章　議員運営委員会及び国立国会図書館連絡調整委員会：第11～13条

総理大臣が任命する 1 国務大臣を連絡調整委員会の委員の一人とする。

第5章　図書館の部局：第14条

管理事務の効率化に必要な部局を設ける。

第6章　調査及び立法考査局：第15～16条

国会議員の職務に資する「調査及び立法考査局」について詳しく規定した。これは「国立」，「国会」という二側面のうち，「国会」に重点を置くようにも見えるが，第15条 4 号（下記）は公開を保障したのであろう。

　　両議院，委員会及び議員の必要が妨げられない範囲において行政及び司法の各部門又は<u>一般公衆に蒐集資料を利用させること</u>。（下線，筆者）

国会議員に対する奉仕に関しては，図書館の中立・平等を強調している。
第6章の2　関西館：第16条の2　（後にまとめて記す）
第7章　行政・司法の各部門への奉仕：第17～20条
ここでは最高裁判所，各省の図書館を国立国会図書館の支部図書館とすること，支部図書館の予算は，当該各部門の予算の中に計上すべきことなどを規定した。（下記，第17条2号末尾）
第8章　その他の図書館及び一般公衆に対する奉仕：第21～22条
第21条（日本国民への利用）は次のように規定している。

> 国立国会図書館の図書館奉仕は，直接又は公立その他の図書館を経由して，両議院，委員会及び議員並びに行政及び司法の各部門からの要求を妨げない限り，日本国民がこれを最大限に享受する…。

この規定にはある批判がある。他の奉仕対象である①国会議員，②行政及び司法の各部門に比して，国民の利用を「両議院，委員会及び議員並びに行政及び司法の各部門からの要求を妨げない限り」と，抑えて規定しているからである。国民を最も下位においた規定であり憲法の主権在民に外れているという。

この第21条（第4号）で，下記のように，具体的に約束した。

> 総合目録，並びに全国の図書館資料資源の連係ある使用を実現するために必要な他の目録及び一覧表の作成のために，あらゆる方策を講ずる。

この規定と，先の第7条で館長へ義務づけた「国内刊行物の目録・索引の定期的出版」が連係して日本全国の書誌コントロールが可能となる。これは1998年度から国立国会図書館を軸とした「総合目録ネットワーク」として確立した。この件については後述の関西館の項で記す。

第9章　収集資料：第23条
第23条（資料の受入・交換・処分）：略

以下，二つの章は，日本における納本制度の規定である。納本制度（legal deposite）に関する今日的な定義は次のようである。

> 出版者に対して，法律により国立図書館へ出版物などの納入を義務付け

3－3表　国立国会図書館組織*（2004年3月現在）

館　長
副館長

総務部	総務課，企画協力課，人事課，会計課，管理課， 　　　└ 電子情報企画室 情報システム，支部図書館課
調査及び立法考査局	総合調査室　調査企画課　国会レファレンス課
調査室	議会官庁資料，政治議会，行政法務，外交防衛， 財政金融，経済産業，農林環境，国土交通， 文教科学技術，社会労働，海外立法情報
課	議会官庁資料，政治議会，行政法務，外交防衛， 　　　└ 憲法室 財政金融，経済産業，農林環境，国土交通， 文教科学技術，社会労働，海外立法情報
収集部	収集企画課，国内資料課，外国資料課，資料保存課
書誌部	書誌調整課，国内図書課，外国図書特別資料課， 逐次刊行物課
国会分館	参考課
関西館	総務課 資料部：文献提供課，アジア情報課，収集整理課 事業部：図書館協力課，電子図書館課
国際子ども図書館	企画協力課，資料情報課，児童サービス課
支部東洋文庫	
行政及び司法各部門 支部図書館	

＊国立国会図書館組織規則　国立国会図書館〈国立国会図書館規則　平成14.3.31　1号〉
2002年3月によった。

る制度。[1] 1537年フランスの François（フランソワ）Ⅰ世が発したモンペリエ勅令が起源とされている。納本の点数は国によって異なり，一点から十数点という幅，違いが見られる。近代納本制度の目的は下記のところにある。[2]

① 一国の文化遺産となるべき出版物を網羅的に収集・保存する目的
② 著作権登録の目的（国立図書館が著作権局となる）

しかし日本(国立国会図書館法)においては，②の制度がない。それは日本の納本制度の歴史において次の事実があったこと関係するともみられる。

旧出版法，旧新聞紙法のもとで，書籍や新聞・雑誌を内務省などに検閲のために義務として納付したこと。[3]

第10章 国，地方公共団体の発行する出版物の納入：第24条

第24条（国の発行する出版物の納入）

　国の諸機関により又は国の諸機関のため，次の各号のいずれかに該当する出版物（機密扱いのもの及び書式，ひな形その他簡易なものを除く）が発行されたときは，当該機関は，公用又は外国政府出版物との交換その他の国際的交換の用に供するために，館長の定めるところにより，三十部以下の部数を直ちに国立国会図書館に納入しなければならない。

　一　図書　二　小冊子　三　逐次刊行物　四　楽譜　五　地図
　六　映画フィルム　七　前各号のほか，印刷その他の方法により複製した文書又は図画　八　蓄音機用レコード
　九　電子的方法，磁気的方法その他の人の知覚によって認識することが
　　できない方法により文字，映像，音又はプログラムを記録した物

このうち特に第9号は，現代事情を反映して2000年4月に改正された。

　第3号　前項の規定は，出版物の再版についてもこれを適用する。但し再版が内容的に増減又は変更がなく，且つその初版又は前版がこの法律の

---

1) 日本図書館情報学会編：図書館情報学用語辞典　第2版　2002　p.186.
2) 図書館用語集　3訂版　日本図書館協会　2003　p.247.
3) 新村出編：広辞苑　第5版　岩波書店　1998　p.2083.

規定により前に納入されている場合においてはこの限りでない。
第24の2（地方公共団体の発行する出版物の納入）（略）
第11章 その他の者の発行する出版物の納入：第25条
第25条（私人の発行する出版物の納入）

文化財の蓄積及びその利用に資するため，発行の日から三十日以内に，最良版の完全なもの一部を国立国会図書館に納入しなければならない。
（後略）

3 ［納本代償金］出版物を納入した者に対しては，館長は，当該出版物の出版及び納入に通常要すべき費用に相当する金額を，その代償金として交付する。

4 出版物を寄贈した者及び出版物を遺贈した者の相続人に対して，館長は，定期に作成する全日本出版物の目録で当該出版物を登載したものを送付する。

第25条の2 ［罰則，過料］　発行者が正当の理由がなくて出版物の納入をしなかったときはその小売価額の五倍に相当する金額以下の過料に処する。
金銭の受入及び支出並びに予算：第26～27条　〈附　則〉略

b．関西館と国際子ども図書館
―関　西　館―
国立国会図書館法第16条の2

中央の図書館に，関西館を置く。

関西館は東京の中央の図書館（本館）とともに国立国会図書館の中央の図書館を構成する。関西館の建設目的は，以下の2点に要約できる。

1. 国立国会図書館の，図書館資料の収蔵スペースを長期的に確保
2. 高度情報化社会に対応した図書館サービスの提供

関西館は，1980年代初期「第二国立国会図書館」計画として進められ，国立国会図書館関西館として，2002年，設置，開館された。

文献提供サービスをはじめとする図書館協力，電子図書館の運営，アジア資

料の収集管理をこの館が主担している。

　国立国会図書館は，1994年から通産省（当時）の高度情報化プログラムの一環として情報処理振興事業協会（IPA）が実施主体のパイロット電子図書館プロジェクトに協力してきた。このパイロット図書館プロジェクトは，総合目録ネットワークプロジェクトと電子図書館実証実験プロジェクトからなる。

　国立国会図書館は，総合目録ネットワークプロジェクトでは，全国の都道府県立図書館などから提供された和図書の書誌情報を統合して総合目録データベースを作成し，インターネットにより検索できる相互貸借などの支援システムを構築した。電子図書館実証実験プロジェクトでは，国立国会図書館が所蔵する貴重書，明治期刊行図書，太平洋戦争前後の刊行図書，国内刊行雑誌，国会審議用調査資料，憲政資料などを電子化して，インターネットで検索できる電子図書館実証実験システムを構築した。この機能は2002年，関西館設置以降，関西館の担当業務となった。

―**国際子ども図書館**―　国立国会図書館法第22条（上野図書館）

　国立国会図書館支部上野図書館を「国際子ども図書館」とする動きが1990年代半ばに始まり，2000年5月5日に第一期開館，2002年5月5日全面開館した。わが国初の国立児童書専門図書館である。地上3階，地下1階の構造で，収蔵能力40万冊。世界を知る部屋を設けるほか，電子図書館機能を活用した情報の提供を行う。企画協力課，資料情報課，児童サービス課を擁する。

　以下，国立国会図書館以前のわが国の国立図書館及び外国の国立図書館について略述する。

c．国立国会図書館以前のわが国の国立図書館

　国立国会図書館は，組織としては国立図書館（1947年12月～1948年5月，その以前は帝国図書館で行政府に属した）と1890年に開設された帝国議会の貴族院及び衆議院の図書館を源流とする。組織上は立法府に属する。

アメリカ

　アメリカの国立図書館は，1800年に設立の議会図書館（Library of Congress：LC）である。著作権登録図書館である。National Union Catalog（全国総合目録）を編成刊行した。また，LC/MARC（後 US/MARC，MARC21）を開発しMARC（機械可読目録）時代を開いた。世界最大の国立図書館である。

イギリス

イギリスの国立図書館は British Library（BL，大英図書館である。1973年7月に大英博物館図書館（British Museum Library）など国立5大図書館を一体化して発足した。ヨークシャー州ボストンスパに置かれた貸出部門は，1985年に文献提供センター（BLDSC）と名称変更し，国内外の図書館のみならず機関や個人へも資料・情報の提供を開始した。書誌部門は英国全国書誌（BNB：British National Bibliography）を編成する。イギリスの納本図書館は，大英図書館のほかに5館（スコットランド，ウェールズ両国立図書館，ケンブリッジ，オックスフォード及びダブリンのトリニティ大学図書館である。

ドイツ

中央図書館に相当する図書館として，Die Deutsche Bibliothek（DDB，国立ドイツ図書館）がある。これは1990年10月の東西ドイツ統合を期に西ドイツ系の Deutsche Bibliothek（DBF，ドイツ図書館）と東ドイツ系の Deutsch Bucherei（ドイッチェビュッヘライ）を合併した。

フランス

フランスの国立図書館は，1368年，Charles V（シヤルルV世）が設けた王室図書館に起源する。1537年には François I（フランソワI世）によるモンペリエ勅令でフランスの出版物を網羅的に収集する世界初の法定納本制度が制定された。王室図書館は，1792年に Bibliotèque nationale（国立図書館）と名称を変えた。1994年，国立図書館は Bibliotèque nationale de France（フランス国立図書館）が合併して，Bibliotèque François Mitterand となった。

その他　北欧の国立図書館間の協力，アジアの国立図書館の活躍がある。

（3）国立図書館の課題

国立図書館の課題は，国ごとに異なる。本章ではわが国に限って考察する。

国立国会図書館は進展した電子機能を活用して，全国公共図書館の総合目録ネットワークシステムを設け，2004年12月には一般公開した（http://www.ndl.go.jp/jp/library/backlist-network.html）。さらに同月にはWARP（ウエブ・アーカイビング・プロジェクト）のうち政府ウェブコレクションを増強した。WARPは，これ以外に，電子雑誌コレクション，協力機関コレクションによって構成される（http://warp.ndl.go.jp/）。また近代デジタルライブラリーに約700冊の図書が追加された（http://kindai.ndl.go.jp/index.html）。

　こうした電子図書館機能に関しては，データの著作権問題があり，手続き，人手と，経費などの課題がみられる。同様に，紙媒体その他ストック情報を活かし全世界向けのドキュメント・デリバリー機能を高めることが課題である。

　いま一つは，中央館中央出納台（カウンター）上部に1961年以降記されている「真理がわれらを自由にする」（写真）とのフレーズの問題がある。国立国会図書館法前文内にあるこの句は，図書館の真髄の表現と評価されてきた。同表示近くの壁面に下記ギリシャ語フレーズが，図らずも対照的に刻印されている。

国立国会図書館　中央館中央出納台（上部）の表記
（写真：国立国会図書館所有）

　　Η　ΑΛΗΘΕΙΑ　ΕΛΕΥΘΕΡΩΣΕΙ　ΥΜΑΣ
当語句は新約聖書ヨハネによる福音書8章32節で，下記日本語に相当する。
　　　真理はあなたがたを自由にする。（『聖書』日本聖書協会　2004）
　ここに「真理がわれらを自由にする」との同館，国立国会図書館法のうたい文句が，聖書聖句の転用，あるいは誤用ではないかとの疑いがもたれる。[1]

---

1) 志保田務：「真理がわれらを自由にする」における"原典"と引用法小論『資料組織化研究』43　2000　p.23-29.

第4章　図書館に関する法律と行政

この章では，1節で図書館の法的環境，2節で図書館の行政について論ずる。1節では憲法をはじめとする主要法規について解説する。

1. 図書館の法的環境

行政活動とは「政府の政策を立案し実施する活動」であり，政策とは「政府の方針・方策・構想・計画などを総称したもの」である。[1] 行政には「法律による行政」の原理があり，行政は法律に基づいて行わなければならない。[2] そこで，まず，図書館に関する法規の現状を明らかにする。

（1）　図書館関係法規の体系と構成原理

a．図書館関係法規の体系

図書館サービスがどこでも（どの地域や機関でも）継続して望ましい形で行われるようにするには，図書館について法律で定める必要がある。図書館には公共図書館，学校図書館，大学図書館，専門図書館，国立図書館の五つの館種がある。このうち単独の法律で定められているのは三つの館種で，公共図書館は図書館法，学校図書館は学校図書館法，国立図書館は国立国会図書館法で定められ，次のようにそれぞれ異なる法体系に属している。

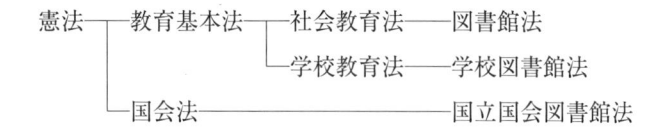

```
憲法──┬──教育基本法──┬──社会教育法──図書館法
        │                └──学校教育法──学校図書館法
        └──国会法────────────────国立国会図書館法
```

1）西尾勝：行政学　新版　有斐閣　2001　p.245-246.
2）魚谷増男：現代行政学の基礎知識　ぎょうせい　1994　p.86.

図書館法の名称の「図書館」は図書館一般を意味する言葉であるが，図書館法は，図書館一般を対象とする法律ではなく，公立図書館と私立図書館から成る「図書館」について規定した法律である。公立図書館は地方公共団体が設置する図書館で，都道府県立図書館と市町村立図書館からなり，利用は無料でなければならない。私立図書館は公益法人（財団法人，社団法人）が設置する図書館で，有料でもよい。日常用語の「公共図書館」は法律上の公立図書館を指す。わが国では，一般に公立図書館を「公共図書館」と呼んでいる。本来は公立図書館と呼ぶべきであるが，普及していない。以下では，私立図書館を省略し，公立図書館のみを論じる。

　大学図書館を対象とする単独の法律はないが，学校教育法施行規則第1条では，小学校から大学までを含む学校について「学校の目的を実現するために必要な校地，校舎，（中略）図書館又は図書室，保健室その他の設備を設けなければならない」と定めている。このうち大学図書館については大学設置基準第36，38条で定めている。専門図書館は多種多様な図書館からなるため，全体について定めた法律はないが，一部については個別の法律で規定している。地方議会図書室については地方自治法第100条第16，17項で，点字図書館（視聴覚障害者情報提供施設）については身体障害者福祉法第34条で定めている。

　各館種の図書館を法律の観点から見ると，(1) 法律で規定されていない館種がある，(2) 全館種を統一的に規定した法律がない，(3) 一元的な法律の体系は存在せず，個別の法律も異なる体系に属する，という特徴がある。図書館の専門的職員については，図書館法で公立図書館の司書，学校図書館法で司書教諭について定めているが，司書教諭は教諭であり，図書館の専任職員ではない。司書の資格が他館種の図書館職員の採用条件として用いられることがあるが，司書の資格は法律上は公立図書館の専門的職員の資格であるから，あくまで便宜的な方法である。図書館専任の専門的職員の法律上の資格は公立図書館の司書だけで，大学図書館，専門図書館の職員は法律では規定されていない。これらの点に，わが国の図書館の制度上の弱点がある。

b．図書館関係法制の構成原理

　図書館関係法規の特色として，その多くが行政に関する法律であること，教育に関する法律であること，がある。前者の特徴は，民法のような統一的な法律がなく，個別の行政事務に対応した多数の法律から成ることで，後者の特徴は，教育を行うものの主体性を尊重する指導・助言行政が中心であることである。文部科学省の都道府県教育委員会に対する，都道府県教育委員会の市町村教育委員会に対する，各教育委員会の学校等に対するかかわりは指導・助言が中心で，一般には命令・監督は行われない。

　これらの法律の間には特別法優先の原理がある。あることがらについて一般的に規定した法令を一般法といい，同じことがらについて，そのうちの特定の場合，特定の人又は特定の地域に限って規定した法令を特別法という。[1] この場合，特別法は一般法に優先する。すなわち，特定の人または特定の地域に限って規定した法令は一般的に規定した法令に優先するのである。したがって，一般法を読む時には，どんな場合にどんな内容の特例があるかを注意しながら読まなければならない。また，特別法を読むときには，その規定だけでなく，常に一般法と照合しながら読まなければならない。したがって，図書館について定めた法律だけでは図書館の制度を理解することはできない。図書館の制度を理解するには，関連法規を合わせて理解することが必要であり，関連法規を理解するよう努める必要がある。

（2）憲法と教育基本法

a．憲　　法

　憲法のうち，次の条文は図書館一般の理念にかかわるものである。
第11条　国民は，すべての基本的人権の享有を妨げられない。この憲法が国民に保障する基本的人権は，侵すことのできない永久の権利として，現在及び将来の国民に与へられる。

---

1) 林修三：法令解釈の常識　第2版　日本評論社　1975　p.172-183.

第13条　すべて国民は，個人として尊重される。生命，自由及び幸福追求に対する国民の権利については，公共の福祉に反しない限り，立法その他の国政の上で，最大の尊重を必要とする。

第19条　思想及び良心の自由は，これを侵してはならない。

第21条　集会,結社及び言論,出版その他一切の表現の自由は,これを保障する。

第23条　学問の自由は，これを保障する。

第25条　すべて国民は，健康で文化的な最低限度の生活を営む権利を有する。

第26条　すべて国民は，法律の定めるところにより，その能力に応じて，ひとしく教育を受ける権利を有する。

　これらの条文は，国民の基本的人権を保障するもので，基本的人権には，生命・自由・幸福追求の権利，思想及び良心の自由，表現の自由，学問の自由，健康で文化的な生活を営む権利，教育を受ける権利が含まれる。国民は，必要な学問を研究し，自分の思想を持ち，意見を表現する自由を持ち，表現された思想や学問について教育を受け，文化的な生活を営む権利を持っている。出版については，表現の自由（言論，出版の自由を含む），学問の自由によって自由な出版が保障されている。これらの自由や権利を実質的なものにするためには，国民に対して資料や情報を提供する図書館サービスが必要である。したがって，これらの条文の趣旨は図書館にとって基礎的な理念となる。

b．教育基本法

　昭和22(1947)年に制定され，日本の教育の基本的な理念や原理を示した法律で，教育法中の基本法といわれる。学校教育法，社会教育法等の教育法令に規定すべき事項について根本原則を示した法律であるため，公立図書館，学校図書館，大学図書館のあり方の基本を示すものといえる。

　第2条「教育の目的は，あらゆる機会に，あらゆる場所において実現されなければならない」は，社会における教育の重要性を示している。第3条「すべて国民は，ひとしく，その能力に応ずる教育を受ける機会を与えられなければならない」は，教育の機会均等を基本的人権として認めたもので，これも社会

における教育の重要性を示すものといえる。第7条第1項「家庭教育及び勤労の場所その他社会において行われる教育は，国及び地方公共団体によって奨励されなければならない」，第2項「国及び地方公共団体は，図書館，博物館，公民館等の施設の設置，学校の施設の利用その他適当な方法によって教育の目的の実現に努めなければならない」は，社会における教育と図書館の重要性を示すものである。

（3） 図書館に関する三つの法律

ａ．国立国会図書館法

　昭和23(1948)年に図書館に関する三つの法律の中で最初に制定された。12章からなる。国立国会図書館の目的，組織，サービス，収集資料について定めた。この法律により，戦前の帝国図書館を受け継いだ国立図書館と，戦後設置された国会図書館は統合され，国立国会図書館となった。条文は国立図書館に関する規定と国会図書館に関する規定からなる。その特徴は次のとおりである。

1. サービス対象は国会議員，行政・司法各部門，日本国民である（第1条）。
2. 民間の出版者には出版物の納入義務と罰則（第25条），国・地方公共団体には出版物の納入義務（第24条，24条の2）を定めた。これによって，納本制度が確立され，同図書館は納本図書館となった。
3. 国内出版物の目録・索引を定期的に出版することを定めた（第7条）。この目録が全国書誌である。
4. 他の図書館に資料の相互貸借を行うことを定めた（第21条第1号）。
5. 日本の図書館資料の総合目録を作成することを定めた（第21条第4号）。
6. 両議院・委員会・議員及び行政・司法各部門からの要求を妨げない限り，日本国民に図書館資料と図書館サービスを最大限に利用させることを定めた（第21条第1号）。
7. 両議院の立法活動を支援するために調査及び立法考査局を設置し，その職務内容を明らかにした（第15条）。
8. 行政・司法各部門に図書館サービスを提供するために支部図書館制度を

設けた（第7章）。
9. 図書館職員の資格については定めていない。

b. 図 書 館 法

社会教育法制定の翌年の昭和25(1950)年に制定された。第1章 総則，第2章 公立図書館，第3章 私立図書館，の3章からなる。戦前制定の図書館令に代わる法律として制定された。その特徴は次のとおりである。

1. 公立図書館は義務設置ではなく，設置するかどうかは地方公共団体の任意である。設置の原動力として地域住民の運動が期待されている。
2. レファレンスサービスや時事情報の提供などの新しい図書館サービスの考え方を明らかにし，新しい図書館のあり方を示した（第3条）。
3. 図書館の専門的職員（司書・司書補）の資格制度を整備し，大学での養成と講習による養成体制を確立した（第4～6条）。司書資格のための教育の内容は「図書館法施行規則」（文部科学省令）で定めている。
4. 戦前あった図書館の設置・廃止等に関する認可制度は廃止され，報告・届出制度を新設した（第11,12,24条）。これは後に廃止された。
5. 国は都道府県教育委員会を，都道府県教育委員会は市町村教育委員会を指揮・監督できない（第7条）。これは教育行政関係の法令に共通する規定である。後に第7条は廃止されたが，本質は変わっていない。
6. 図書館運営・サービスについて意見を聞くために，学校教育・社会教育関係者，学識関係者からなる図書館協議会を設置できることを定めた（第14～16条）。
7. 公立図書館の入館料等を禁止し，無料制を確立した（第17条）。
8. 文部大臣による望ましい基準の公示，国による最低基準の制定を定めた（第18～19条）。望ましい基準は2001年に大臣告示され，最低基準は1999年に廃止された。
9. 公立図書館に対する国庫補助制度を定めた（第20条）。建設補助金は1998年度以降に廃止された。

10. 私立図書館については自由な運営に委ねた（第3章）。

c．学校図書館法

議員立法によって昭和28(1953)年に制定され，1997年に一部改正された。現在は7か条からなる。学校教育法に図書館に関する規定が設けられなかったため，学校図書館関係者の陳情によって制定された。その特徴は次のとおりである。

1. 学校図書館は学校教育において欠くことのできない基礎的設備であることを示した（第1条）。
2. 小中高等学校（盲学校，聾学校，養護学校の小学部，中学部，高等部を含む）に学校図書館の設置を義務付けた（第3条）。
3. 学校図書館の専門的職務の担当者として司書教諭の資格と配置を定めた（第5条）。司書教諭資格のための教育の内容は「学校図書館司書教諭講習規程」（文部科学省令）で定めている。
4. 法律制定時には，当分の間，司書教諭を置かないことができると定めた附則第2項が設けられたが，1997年に改正され，2003年3月末までに12学級以上の小中高等学校に司書教諭を置くことになった。
5. 学校図書館整備等に関する総合的計画の樹立など，学校図書館に関する国の任務を明示した（第7条）。
6. 法律は司書教諭の配置を定めているが，現実には学校司書が配置されてきた。改正運動の中で学校司書の法制化を意図したが実現されなかった。

d．大学図書館関係法規

2004年3月までは国立学校設置法第6条で「国立大学に，附属図書館を置く」と定めていたが，国立大学の独立行政法人化に際して，国立大学法人法が制定され，国立学校設置法が廃止されたため，図書館に関する規定はなくなった。これによって大学図書館に関する法律上の規定はなくなった。国立大学，公立大学，私立大学に共通する規定としては，学校教育法施行規則のほか，大学設置基準（文部科学省令）がある。第36条は「大学は，その組織及び規模に応じ，少なくとも次に掲げる施設を備えた校舎を有するものとする」と定め，

第3号で図書館を挙げている。第38条第1項では「大学は,学部の種類,規模等に応じ,図書,学術雑誌,視聴覚資料その他の教育研究上必要な資料を,図書館を中心に系統的に備えるものとする」と定め,第2～第5項で,サービス,職員,施設について定めている。

(4) その他の法律

a. 著作権法

　1970年に制定され,8章からなり,近年は毎年のように改正されている。著作権は知的財産権の一部で,精神的な創造的活動を行った人に,その成果を排他的に支配できる権利を保障することによって,人の創造的活動に意欲を与え,社会における文化的・産業的な発展を図ることを目的としている。[1] 他方,著作物は,人類文化の発展のために利用されなければならないため,著作物を利用する公衆の権利を認め,著作者の権利を制限している。営利を目的としない無料の公立図書館のサービスについては次のように定めている。

1. 図書館資料は,一定の場合（著作物の一部分を1人につき1部など）に限って複製することがができる（第31条）。
2. 視覚障害者のために図書館資料を点訳することができる。録音するには著作権者の許諾が必要である（第37条）。
3. 映画以外の図書館資料は貸し出すことができる（第38条第4号）。
4. 図書館資料のFAX送信には著作権者の許諾が必要である（第23条）。
5. 映画の貸出しには著作権者に補償金を支払う必要がある（第38条第5号）。
6. 映画は図書館で上映することができる（第38条第1号）。ただし,これについては日本図書館協会と権利者団体との間で協定が結ばれている。

　関連して公貸権制度がある。これは,貸出しによって,読者がその本を購入した場合に著作者が得る財産的利益が失われるため,この財産的利益を補償する制度で,スウェーデン,ノルウェー,デンマーク,フィンランド,ドイツ,

---

1) 名和小太郎「知的財産権」『図書館情報学ハンドブック』第2版　丸善　1999　p.61.

オーストラリア，ニュージーランド，イギリスなどで実施されている。

b．子どもの読書活動の推進に関する法律

議員立法によって平成13(2001)年に制定された。11か条からなる。2000年の「子ども読書年」の精神を法律としたものである。主な内容は次のとおりである。

1. 法律の目的は，子どもの読書活動の基本理念，国・地方公共団体の責務等を明らかにすることによって，子どもの健やかな成長に資することである（第1条）。
2. 法律の基本理念として，子どもの読書の意義を明らかにしている。子どもが言葉を学び，感性を磨き，表現力を高め，想像力を豊かなものとし，人生をより深く生きる力を身につける上で読書活動は不可欠なものである。すべての子どもが自主的な読書活動ができるように，積極的な環境の整備が必要である（第2条）。
3. 国・地方公共団体は，基本理念にのっとり，子どもの読書活動の推進に関する施策を策定・実施し（第3～4条），学校・図書館等の関係機関や民間団体との連携の強化等の必要な体制の整備に努め（第7条），子ども読書活動推進基本計画を策定・公表しなければならない（第8～9条）。

c．文字・活字文化振興法

議員立法によって平成17(2005)年に制定された。12か条からなる。主な内容は次のとおりである。

・文字・活字文化は人類が蓄積した知識・知恵の継承・向上，豊かな人間性の涵養，健全な民主主義の発達に欠くことができない（第1条）。
・法律の目的は，文字・活字文化の振興の基本理念を定め，国・地方公共団体の責務を明らかにして，知的で心豊かな国民生活，活力ある社会の実現に寄与することである（第1条）。
・文字・活字文化の振興施策はすべての国民が豊かな文字・活字文化を享受できる環境の整備を旨としなければならない（第3条）。
・国語は日本文化の基盤であり，学校教育では国語に関する能力（言語力）の

涵養に十分配慮しなければならない（第3条）。
・国・地方公共団体は文字・活字文化の振興施策を策定・実施する責務を有し（第4，5条），必要な財政措置を講ずるよう努める（第12条）。
・市町村は必要な数の公立図書館の設置と適切な配置に努める（第7条）。
・国・地方公共団体は，司書の充実，図書館資料の充実，情報化の推進等公立図書館運営の改善・向上（第7条），司書教諭・学校図書館担当職員の充実，学校図書館資料の充実，情報化の推進等のために必要な施策を講ずる（第8条）。

(5) 公立図書館に関連する法律

a．公立図書館にかかわる法体系

公立図書館は，現行の行政法体系では，行政組織の面では，地方公共団体の組織の一環であり，行政作用の面では，地方教育行政の中の社会教育施設としての活動を行う。したがって，公立図書館にかかわる法制は，地方行政に関する法制と社会教育に関する法制との二つの系列の上にある。前者は，地方公共団体の組織，権能，財政等について規定し，後者は，社会教育施設としての業務内容について規定している。公立図書館にかかわる法制の系列を基本的，一般的なものから順に示すと，地方公共団体の行政組織の面については，地方自治法—地方教育行政の組織及び運営に関する法律（地教行法），地方公務員法，地方財政法 — 図書館法，社会教育施設の面については，教育基本法 — 社会教育法 — 図書館法である。[1] 公立図書館は，地方自治法では「公の施

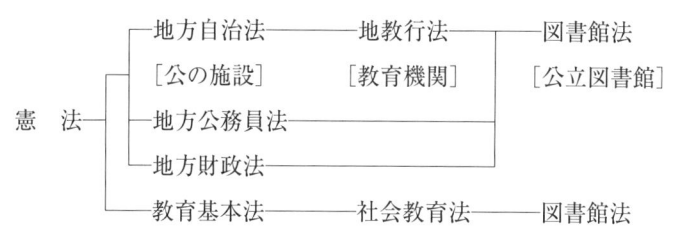

```
              ┌─地方自治法────地教行法────図書館法
              │ [公の施設]    [教育機関]   [公立図書館]
  憲　法──┤─地方公務員法
              │─地方財政法
              └─教育基本法────社会教育法────図書館法
```

---

1) 薬袋秀樹「地方自治と図書館」森耕一編『図書館法を読む』補訂版　日本図書館協会　1995　p.39-40.

設」，地教行法では「教育機関」として位置付けられている。

b．社会教育法

　図書館法制定の前年昭和24(1949)年に制定され，図書館法，博物館法とともに「社会教育3法」と呼ばれる。7章からなる。社会教育行政の基本を規定するとともに，第5章に公民館に関する規定を含んでいる。重要性の割に図書館関係者には理解されていない。第1～4章（総則，社会教育主事・社会教育主事補，社会教育関係団体，社会教育委員）は社会教育行政の基本的な在り方を規定している。総則は，法律の基本的な趣旨，国・地方公共団体の任務，都道府県・市町村の事務等を定めている。社会教育主事は社会教育の活動や行政に関する専門知識をもとに図書館職員や司書に指導・助言を行うことができる。社会教育関係団体には図書館活動や読書に関するグループやサークルが含まれる。社会教育委員の会議ではしばしば図書館に関する計画の立案が行われる。このように，これらの章は図書館行政の基本を定めている。第5～7章は，公民館，学校施設の利用など個別の施設・事業に関する規定である。

　このうち，第1章 総則 は特に重要である。第1条では，この法律の目的を，教育基本法の精神に則り「社会教育に関する国及び地方公共団体の任務を明らかにすること」と定めている。第2条では，社会教育を「学校の教育課程として行われる教育活動を除き，主として青少年及び成人に対して行われる組織的な教育活動（体育及びレクリエーションの活動を含む。）」と定義している。「組織的」とは，団体や施設を利用することである。第3条では，国及び地方公共団体は「社会教育の奨励に必要な施設の設置及び運営，集会の開催，資料の作製，頒布その他の方法により，すべての国民があらゆる機会，あらゆる場所を利用して，自ら実際生活に即する文化的教養を高め得るような環境を醸成するように努めなければならない」と定め，施設の設置・運営と環境整備の重要性を強調している。

　以上を基に，第9条第1項では「図書館及び博物館は，社会教育のための機関とする」，第2項では「図書館及び博物館に関し必要な事項は，別に法律を

もって定める」と規定している。

　社会教育法と図書館法，博物館法はどのような関係にあるのだろうか。三つの法律を一つの体系に構成すると次のようになる。社会教育法は第1～4章，5～7章の二つに分かれる。第5章 公民館 は，図書館法，博物館法と並列的な関係にあり，条文の構成もよく似ている。このような図によって，三つの法律の関係，特に，図書館にとっても，社会教育法 第1～4章が重要であること，社会教育法 第5章 公民館 と図書館法，博物館法が並列的な関係にあることが明らかになる。

社会教育法

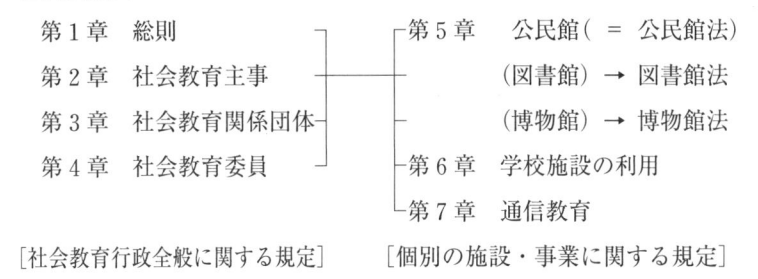

```
第1章　総則　　　　　　　　┬──┬第5章　公民館（ ＝ 公民館法）
第2章　社会教育主事　　　　│　│　　　（図書館）　→　図書館法
第3章　社会教育関係団体─┤　│　　　（博物館）　→　博物館法
第4章　社会教育委員　　　　│　├第6章　学校施設の利用
　　　　　　　　　　　　　　　　└第7章　通信教育

[社会教育行政全般に関する規定]　　[個別の施設・事業に関する規定]
```

c．地方自治法

　地方公共団体の組織及び運営の基本原則を定めた法律で，昭和22(1947)年に制定された。300条を越える大部な法律である。第2条 第8，9項では，地方公共団体が処理する事務を，自治事務，法定受託事務に区分している。公共図書館の設置・管理は自治事務である。第5項では，都道府県が広域の地方公共団体として処理すべき事務として，広域にわたる事務，市町村に関する連絡調整に関する事務，その規模または性質において一般の市町村による処理が適当でないと認められる事務をあげ，第3項では，一般の市町村による処理が適当でない事務は市町村もその規模・能力に応じて処理できること，第6項では，都道府県と市町村はその事務を処理するに当たって相互に競合しないようにすることを定めている。市町村の自主的な努力を妨げることなく，都道府県と市町村の分業を定めている。

第244条〜第244条の4では，地方公共団体が「住民の福祉を増進する目的をもつてその利用に供するため」に設置する施設（公の施設）について，設置・管理の原則を定めている。公立図書館は公の施設の一種である。第244条第2項では住民の利用を拒否してはならないこと，第3項では住民の利用に対し不当な差別的取扱いをしてはならないことを定めている。これは住民の公の施設の利用を保障するための規定である。第244条の2第3項では，2003年の改正で，公の施設の管理について「施設の設置の目的を効果的に達成するため必要があると認めるときは，条例の定めるところにより，法人その他の団体で当該地方公共団体が指定するもの（指定管理者）に，当該公の施設の管理を行わせることができる」と定めている。これによって，従来のような公共的団体だけでなく，民間事業者（営利企業）にも管理を委ねることができるようになった。指定に際しては，設置目的を効果的に達成するために必要があると認められることが必要である。

　このほか地方財政法では財源の調達，地方債，補助金等について定めている。地方公務員法では任用，秘密を守る義務，研修等について定めている。

d．地方教育行政の組織及び運営に関する法律（略称：地教行法）

　地方公共団体における教育行政の組織と運営の基本について定めた法律で，教育委員会法に代わる法律として1956年に制定された。6章からなる。教育委員会の設置及び教育機関の設置・管理・職員等について定めている。公立の学校，図書館，博物館は教育機関である。個々の教育機関については個別の法律で定め，教育機関として共通する点を定めている。教育機関は職員の配置が不可欠であると共に組織として一定の主体性を持つことが認められている。

　第23条で，教育委員会の職務権限として，教育機関の設置・管理，教育機関の職員の人事，教育関係職員の研修を挙げている。第30条では，地方公共団体は法律で定めるところにより教育機関を設置すること，第31条では，教育機関に法律で定める職員を置くこと，第32条では，教育機関（大学を除く）は教育委員会が所管すること，第33条では，教育委員会が教育機関の管理運営の基本

事項について教育委員会規則を定めること，第34条では，教育機関の職員は教育委員会が任命することを定めている。

第48条では，都道府県教育委員会の市町村に対する指導，助言，援助の権限を定めている。この指導，助言，援助には強制力がない。第2項第1号で，例として「学校その他の教育機関の設置及び管理並びに整備に関し，指導及び助言を与えること」を挙げている。

（6） 図書館法の特徴

a．図書館法の評価

図書館法では，当時の図書館界の要望，(1) 市町村までの義務設置，(2) 中央図書館制度を軸とした図書館網組織，(3) 強力な国庫補助，(4) 本格的な図書館職員養成（国家試験）が実現しなかった。これは，戦後復興期の財政困難のため，まず制度的枠組みを確保し，後から予算増加を行うことをめざしたためである。そのため図書館法は「実質においては乏しいが，理念においてゆたかな」[1]ものと評価された。

当時の図書館界は，図書館法に対して不満を持っていたが，法改正は容易ではなかった。その後，図書館法の評価が変わり，図書館法の先進性に注目し，法の規定を目標に努力する考え方に変わっていった。1980年代以降は，規制緩和政策のなかで図書館法の規定が批判の対象となったが，図書館界は，既成の規定を守ることを主張するにとどまり，新たな制度設計を打ち出すことができなかった。

図書館法は，社会教育関係法規の一環として，地方公共団体や社会教育機関の自主性をある程度尊重しており，国や都道府県の権限が抑制されている。これまでも，規制に関する規定は，司書や司書有資格館長の確保を意図した補助金条件などのごく一部の規定に限られていた。それ以外では，権利・義務に関する規定がほとんどなく，サービスや運営の原則を示す法律となっている。

---

1) 小川剛「解説」裏田武夫，小川剛編『図書館法成立史資料』日本図書館協会 1968 p.20.

b．主な条文の趣旨

第2条第1項

「図書館」とは，図書，記録その他必要な資料を収集し，整理し，保存して，一般公衆の利用に供し，その教養，調査研究，レクリエーション等に資することを目的とする施設（中略）をいう。

図書館の目的は，教養，調査研究，レクリエーションの三つで，その一つが調査研究である。調査研究の主体はその前にある一般公衆であるから，特定の人々や専門家による調査研究ではなく，一般住民による調査研究である。この規定の主語は図書館一般であるから，県立図書館や大規模図書館だけでなく，分館を含むすべての図書館が調査研究の援助機能を持たなければならないことを意味する。したがって，すべての図書館がすべての住民の調査研究を援助しなければならない。

第3条第3号，第7号

図書館は，図書館奉仕のため，土地の事情及び一般公衆の希望にそい，更に学校教育を援助し得るように留意し，おおむね左の各号に掲げる事項の実施に努めなければならない。

3　図書館の職員が図書館資料について十分な知識を持ち，その利用のための相談に応ずるようにすること。

7　時事に関する情報及び参考資料を紹介し，及び提供すること。

第3号の「図書館資料について十分な知識を持ち，その利用のための相談に応ずる」ことはレファレンスサービスである。井内慶次郎は「図書館職員は利用者の中に飛び込んでゆくべきである」「少しでも近いところに机を（中略）だして奉仕の仕事をすることが必要」[1]であると述べて，レファレンスデスクの重要性を指摘している。西崎恵は「このように考えてくると，これからの図書館職員は非常に大きな能力を要求されていることがわかるのであって，優秀な図書館職員を得ることが何にもまして必要となってくる」[2]と述べている。

1）井内慶次郎：図書館法の解説　明治図書出版　1954　（学校図書館学講座）　p.50.
2）西崎恵：図書館法　日本図書館協会　1950　1970再版　p.68.

第7号の「時事に関する情報及び参考資料を紹介し」では，1950年に既に「情報」「参考資料」という用語が用いられている。時事問題，すなわち，今の社会の出来事については，図書館資料を提供するだけではなく，資料に含まれている情報を取り出し，それを参考資料に編集・加工して紹介することを求めている。紹介するとは，積極的に利用者の所に届けることである。「時事」は図書館法の中で図書館が扱う資料の主題について書かれた唯一の言葉である。資料の種類については，地方行政資料や郷土資料が用いられているが，主題に関する言葉は時事だけである。この点から，図書館法は図書館に対して時事問題に重点を置いて資料を提供することを求めていると考えられる。その提供方法では，図書館資料として提供するだけでなく，情報や参考資料を編集・加工し，積極的に利用者の手元に届けることを求めている。

　図書館の目的の調査研究とサービス方法のレファレンスサービスは密接に関係している。調査研究をするにはさまざまな資料を集めて比較検討しなければならない。そのためにはレファレンスサービスが必要になる。また図書館が事前に情報や参考資料を編集・加工して紹介してくれれば効率的である。時事問題についてはこのようなサービスを行うことが定められている。このようなサービスが実際に行われているかどうか，図書館の現状を点検する必要がある。

2．図書館の行政

（1）国レベルの図書館行政

　図書館行政は，国，都道府県，市区町村の三つのレベルで行われる。国レベルの図書館行政では，公立図書館，大学図書館，学校図書館行政について論じ，都道府県，市町村レベルでは，公立図書館行政について論じる。

a．教育行政の三つの作用

　図書館行政の大部分は教育行政として行われている。教育行政には次の三つの作用があるため，それを理解しておく必要がある。[1] 図書館行政の作用も次

の規制,助成,実施の三つからなる。

1. 規制作用:私人,地方公共団体の行為に対し,国や地方公共団体が一定の義務を課し行為に制約を加えること。中心的なものでなく規制の範囲も限定される。
2. 助成作用:地方公共団体や私人の教育活動を奨励し援助するために,指導,助言,援助を行い経費の補助を行う行為。1.よりも重視される。
3. 実施作用:行政主体が自ら必要な事業や事務を実施すること。国や地方公共団体が,学校,博物館等を設置したり,講演会,展示会を行ったり,資料の収集,出版物の作成頒布を行うこと。最大比率を占める。

b.文部科学省と他省庁,国立国会図書館

　図書館行政の中心は文部科学省であるが,他の省庁や国立国会図書館もかかわっている。文部科学省は,公立図書館,大学図書館,学校図書館の三つの館種の図書館を所管し,これらの図書館に関する行政を実施しているが,これらの図書館に対して図書館サービスを提供する国立中央図書館は所管していない。大学図書館に対しては学術情報のセンターとして情報・システム研究機構国立情報学研究所があり,学術情報の提供を行っているが,それ以外ではサービスセンターをもたない行政官庁である。

　他の省庁は,それぞれ所管する事務の観点から,公立図書館関係の行政,主題別の情報活動や専門図書館に関する行政を実施している。多様な専門図書館に関する施策は各省庁で行われており(例:厚生労働省は医療情報と点字図書館を所管している),専門図書館に関する包括的な行政は存在しない。公立図書館に関連する行政は文部科学省と連携して行われる。国立国会図書館は,公立図書館,大学図書館などに対して図書館サービスを提供しているが行政官庁ではないため,これらの図書館に対する指導助言や補助金の支出はできない。

　このように,わが国の図書館行政は文部科学省が中心であるが,多元的な側面がある。特に,文部科学省は行政府,国立国会図書館は立法府に属するため,両者の協力は難しい。ここにわが国の図書館行政の難しさがある。

前頁1) 木田宏:教育行政法　新版　良書普及会　1983　p.13-18.

c．図書館行政と情報政策

　図書館行政の重要な要素として高度情報化社会への対応があり，情報政策[1]がその基盤となっている。1990年代中頃から，内閣及び各省庁は高度情報通信社会化をめざすプログラムや基本方針を打ち出してきた。いずれも情報化社会の構築は基本的に民間主導で進めるべきで，政府の役割は情報化のための環境整備と公共分野の情報化の推進にあるという考え方に基づいている。

　情報化のための環境整備には，第1にネットワークインフラストチャーとしての光ファイバー網の整備，第2に情報関連の新規産業の創出，そのための規制緩和，ソフトウェアの開発，データベースの整備，第3に著作権制度の見直し，そのための著作者の権利の保護，円滑な著作権処理制度の確立がある。

　公共分野の情報化の推進では，第1に学術情報ネットワークの整備，科学技術分野の研究開発に関する情報化，第2に図書館における電子図書館の開発，第3に行政の情報化，具体的には，行政上の意思決定の迅速化，行政情報提供の高度化，行政手続きの効率が取り組まれている。

d．文部科学省の図書館行政組織

　図書館行政の中心を担う文部科学省の図書館関係課は4－1表，図書館関係審議会は4－2表のとおりである。[2] 公共図書館は生涯学習政策局，大学図書館は研究振興局，学校図書館は初等中等局，子どもの読書はスポーツ青少年局，著作権は文化庁が所管している。2001年の中央省庁再編で，通産省の外局であった科学技術庁が文部科学省と統合され，文部科学省の研究振興局となったため，科学技術情報も文部科学省の所管となった。三つの館種の図書館行政はそれぞれ別の局によって縦割りで行われており，一元化されていないが，必要に応じて三者の間で連絡協議が行われている。図書館界にはこれらの図書館行政を一元化すべきであるという意見があるが，行政の現状とは隔たりが大きい。

　行政の手法としては，審議会による答申，協力者会議による報告，法律案の

1）山岡規雄「日本の情報政策」『図書館情報学ハンドブック』第2版　丸善　1999　p.90-93.
2）文部科学省「霞が関だより」第1回『図書館雑誌』97（10）　2003.10　p.726-727.

立案，施行令・施行規則の制定・改正，基準の作成・告示，図書館の現状調査，補助金の支出，モデル事業の実施，地方交付税算定基礎の検討，指導資料の作成・頒布，研修・イベントの実施などがある。

公立図書館以外の図書館を対象とする主な図書館政策に，学術情報システム，学校図書館図書整備5か年計画，学校図書館資源共有ネットワーク事業，NIST 構想がある。

学術情報システムは，1980年に学術審議会が「今後における学術情報システムの在り方について」を答申し，大学図書館を中心とするネットワークを学術情報システムと呼び，その推進機関として学術情報センターを設置した。その後，学術情報センターは情報・システム研究機構国立情報学研究所（NII）に発展し，学術情報流通事業（学術情報システム）を実施している。

学校図書館図書整備5か年計画(1993～1997年)は，貧弱な学校図書館の蔵書を1.5倍に増加させるため，整備すべき図書基準を定め，必要な経費を地方交付税で措置した。さらに，学校図書館情報化・活性化推進モデル事業(1995～2001年)，学校図書館資源共有型モデル事業(2001～2004年)学校図書館資源共有ネットワーク推進事業(2004～2007年)を通じて，学校図書館の充実を図っている。この図書館整備計画は，その後も継続して実施されている。

NIST 構想は，1969年に科学技術会議が答申した「科学技術情報の全国的流通システム」に基づき，日本科学技術情報センター（JICST）が設置され，国内基準として科学技術情報流通基準（SIST）を確立した。日本科学技術情報センターは統合されて，科学技術振興事業団，さらに科学技術振興機構となり，その情報事業本部がデータベース事業を行っている。

e．文部科学省の図書館関係審議会

文部科学省の図書館関係審議会は4－2表のとおりである。公立図書館については，これまでは社会教育審議会，生涯学習審議会，現在は中央教育審議会生涯学習分科会で議論を行っている。

4－1表　文部科学省の図書館関係課一覧

担当課	所掌事務	主な担当施策
生涯学習政策局 社会教育課 図書館振興係	・図書館の整備及び管理運営についての企画連絡及び指導助言 ・その他図書館に関すること	・「公立図書館の設置及び運営に関する基準」 ・「2005年の図書館像」 ・社会教育活性化21世紀プランほか
生涯学習政策局 社会教育課 指導研修係	・司書の養成及び図書館職員の研修	・司書講習 ・図書館地区別研修 ・新任図書館長研修 ・社会教育研修支援事業
初等中等教育局 児童生徒課 指導調査係	・学校図書館 ・司書教諭	・司書教諭講習 ・学校図書館活用推進事業 ・学校図書館図書整備5か年計画
研究振興局 情報課 学術基盤整備室 大学図書館係	・大学の附属図書館その他の学術に関する図書館施設	・大学図書館実態調査 ・大学図書館職員講習会 ・大学図書館職員長期研修など
研究振興局 情報課 学術基盤整備室 学術情報係	・学術に関する情報処理の高度化及び情報の流通の促進	・国立情報学研究所の実施する学術情報流通事業（学術情報システム） ・NII学術コンテンツポータル
研究振興局 情報課 企画係	・科学技術に関する情報処理の高度化及び情報の流通の促進	・科学技術振興機構の実施する科学技術情報流通事業
スポーツ青少年局 青少年課 企画係 情報課 企画係	・青少年の健全な育成の推進 ・青少年の健全な育成の推進	・「子どもの読書活動の推進に関する法律」 ・「子どもの読書活動の推進に関する基本的な計画」策定にかかる事務 ・子どもの読書活動の推進に関する広報啓発

スポーツ青少年局 参事官（青少年健 全育成指導係） 情報課 企画係	・子どもの読書活動の推進	・子どもの読書活動推進支援事業 ・市町村等における子どもの読書活動調査研究事業 ・子ども読書フォーラム ・子ども読書フェスティバル
文化庁長官官房 著作権課 法規係	・著作権の保護及び利用	・図書館等職員著作権実務講習会

f．各館種の図書館基準

図書館の設置・運営においてめざすべき目標として多数の基準が作成されている。各館種別に図書館の基準が作成されており，その多くは文部科学省が作成しているが，民間の機関・団体によって作成されたものもある。

1. 公立図書館

「公立図書館の設置及び運営上の望ましい基準」(2001年)(文部科学省告示)

『公立図書館の任務と目標解説』改訂版（2004年）（日本図書館協会）

2. 大学図書館

「大学図書館基準」(1982年改正)（大学基準協会）

3. 学校図書館

「学校図書館基準」(1959年)（文部省）

「学校図書館図書標準」(1993年)（文部省）

「学校図書館施設基準」(1999年改訂)（全国学校図書館協議会）

「学校図書館メディア基準」(2000年)（全国学校図書館協議会）

g．文部科学省の公立図書館行政

文部科学省の基準・答申

文部科学省の社会教育行政は長らく公民館中心と言われてきたが，近年は公立図書館の重要性が認識されている。その背景として，1990年代後半から公

4－2表　文部科学省の図書館関係審議会一覧

審議会名	所掌事務
中央教育審議会生涯学習分科会	・生涯学習に係る機会の整備に関する重要事項の調査審議 ・社会教育の振興に関する重要事項の調査審議
科学技術・学術審議会研究計画・評価分科会	・科学技術に関する研究及び開発に関する計画の作成及び推進に関する重要事項の調査審議 ・科学技術に関する研究及び開発に係る基本的な政策の企画及び立案並びに推進に関する重要事項の調査審議 ・科学技術に関する関係行政機関の事務の方針に関する重要事項の調査審議
科学技術・学術審議会学術分科会	・学術の振興に関する重要事項の調査審議
文化審議会著作権分科会	・著作権者の権利，出版権及び著作隣接権保護及び利用に関する重要事項の調査審議 ・著作権法等の規定により審議会の権限に属させられた事項の処理
文化審議会国語分科会	・国語の改善及びその普及に関する事項の調査審議

立図書館の研究者が審議会委員となり，審議会答申に関する議論を行ってきたことがある。そのほか，必要に応じて私的諮問委員会である協力者会議が設置されており，1980年代までと比べて政策立案能力は飛躍的に高まっている。

　文部科学省の施策で，過去に大きな役割を果たしてきたものに「施設整備補助事業」があり，916館の公共図書館に補助金が支出されたが，1998年度以降，廃止された。その後，補助金は一般財源化される傾向にあるため，基準・答申等の政策指針の発表，モデル事業，職員研修に力を入れている。1988年以来，審議会等から下記の基準・報告が発表され，公共図書館界をリードしてきた。これは文部科学省の政策官庁化の現れである。

・「新しい時代(生涯学習・高度情報化の時代)に向けての公共図書館の在り方について―中間報告―」(1988年)(社会教育審議会社会教育施設分科会)

- 「公立図書館の設置及び運営に関する基準」(1992年)(生涯学習審議会社会教育分科審議会図書館専門委員会)
- 「社会教育主事,学芸員及び司書の養成,研修等の改善方策について(報告)」(1996年)(生涯学習審議会社会教育分科審議会)
- 「図書館の情報化の必要性とその推進方策について―地域の情報化推進拠点として―(報告)」(1998年)(生涯学習審議会社会教育分科審議会計画部会図書館専門委員会)
- 『2005年の図書館像～地域電子図書館の実現に向けて～(報告)』(2000年)(文部省地域電子図書館構想検討協力者会議)
- 「公立図書館の設置及び運営上の望ましい基準について(報告)」(2000年)(生涯学習審議会社会教育分科審議会計画部会図書館専門委員会)
- 「公立図書館の設置及び運営上の望ましい基準」(2001年)(文部科学省告示)
- 「これからの図書館像―地域を支える情報拠点をめざして―(報告)」(2006年)(これからの図書館の在り方検討協力者会議)

上記のように,生涯学習政策における位置付け,職員の養成・研修,情報化の推進について順次報告を行い,それを踏まえて「望ましい基準」が大臣告示された。さらに,それを補うために,図書館が今後果たすべき役割,サービスや経営のあり方を具体的に示した「これからの図書館像」が発表された。これによって公共図書館のあるべき姿が具体的に明らかにされた。

(2) 都道府県レベルの公立図書館行政

a.教育機関と教育行政機関

都道府県では,教育機関(図書館)と教育行政機関(教育委員会事務局)の関係と任務分担が重要である。下記のように,三つの行政作用のうち,規制作

```
      [行政作用]      [行政組織]
      規制作用 ──┬── 教育行政機関 ── 教育委員会事務局
      助成作用 ──┘                    社会教育課
      実施作用 ──── 教育機関 ──── 図 書 館
```

用と助成作用は教育行政機関（教育委員会事務局）が行い，実施作用は教育機関（図書館）が行う。

　助成作用である図書館振興政策は，都道府県立図書館ではなく，都道府県教育委員会事務局が担当する。都道府県教育委員会による図書館振興策の法的根拠は，社会教育法第6条の，市町村立図書館の「設置及び管理に関し，必要な指導及び調査を行うこと」，地教行法第48条第1項「都道府県教育委員会は市町村に対し，市町村の教育に関する事務の適正な処理を図るため，必要な指導，助言又は援助を行うことができる」と第2項第1号「学校その他の教育機関の設置及び管理並びに整備に関し，指導及び助言を与えること」である。

b．図書館行政の歴史と現状

　都道府県レベルの図書館行政は知事部局と教育委員会によって行われ，図書館政策には，図書館整備の現状調査，図書館設置・建設の指針・手引の作成，図書館振興研修の実施，図書館建設と移動図書館購入に対する補助金，新設図書館に対する資料費補助金などがある。特に，施設建設補助金の支出は図書館の整備に効果的である。1970年代の東京都，1980年代の栃木県，1980～1990年代の滋賀県などの振興策が知られており，大きな成果を上げた。都道府県公共図書館協会等によって図書館整備の指針が作成されることもある。

　薬袋（みない）による1988年の全国調査では，(1)全国的には，教育委員会の図書館行政が不十分で，責任の所在が不明確である，(2)司書は教育委員会事務局には配置されていない，(3)図書館は利用者が個人的自主的に利用する点で社会教育一般と異なる，(4)制度と内容の相違から図書館は行政機関に十分理解されていない，(5)図書館側の行政機関に対する働きかけが不足していることなどが明らかになった。[1]

　市町村立図書館から都道府県立図書館に対して要望が出されるが，これは教育機関間の関係であり，これと合わせて，教育行政機関である市町村教育委員

1）薬袋秀樹「都道府県教育委員会における図書館行政の現状と問題点」『日本における図書館行政とその施策』日本図書館学会研究委員会編　日外アソシエーツ　1988　p.71-81.

会から都道府県教育委員会に要望を伝えることが重要である。

（3） 地方公共団体レベルの公立図書館行政

　地方公共団体の図書館行政は，図書館の設置・建設計画の策定，図書館の運営方針の策定，館長をはじめとする職員の人事，資料費をはじめとする図書館予算の編成などからなる。図書館行政は教育委員会生涯学習課が所管する。図書館建設に際しては，地域住民や専門家を含む図書館計画検討委員会を設けたり，外部のコンサルタント会社に委託する方法がとられる。図書館に関する企画（図書館建設を含む）・人事・財政については，教育委員会だけでなく首長部局もかかわる。しばしば指摘されるように，教育委員会は学校教育中心であるため図書館側は首長部局と十分に連携して，広く図書館行政に対する理解を求めるように努力する必要がある。また，近年行われている地域支援サービスを実施するには地方公共団体行政のさまざまな部門との連携が必要である。

　これまでの図書館行政の成功例は，地方公共団体の首長（知事・市町村長）が図書館に対する理解をもっていた場合が多いといわれており，教育委員会だけでなく，首長と首長部局の理解を得ることが重要である。地方公共団体では首長，首長部局と教育委員会が図書館に関する政策をもつこと，図書館に関する政策を地方公共団体の基本計画，中期計画等に盛り込むことが重要である。

　今後の図書館の運営に関しては，「望ましい基準」で定められているように，図書館が適切な指標と数値目標を設定し，その達成に向けて計画的に実施するように努め，その結果について自己点検，自己評価を行う必要がある。

（4） 図書館行政に対する取り組み

a．図書館行政に対する取り組みの課題

　図書館行政に対する取り組みの課題として，次の点を挙げることができる。
　第1に，図書館職員は国や地方公共団体の政策に対する関心が低いため，政策に関する情報の収集や政策に関する議論が不十分である。また，図書館は教育機関であるため，行政機関と比べて政策情報が伝わりにくい。このため，図

書館がせっかくの政策を活用できない場合がある。図書館では企画・政策・法規担当を置き，積極的に政策情報の収集に努め，それを学習・検討し，十分に活用する必要がある。

　第2に，図書館行政には多元的な性格があるため，個別に相互に整合性のない施策が行われたり，必要な協力が行われない場合がある。図書館関係者は行政施策の現状に関する調査を行い，関係する省庁や部局等の間の調整や協力を促進するような提言や活動を行う必要がある。

　第3に，これまでの図書館関係者の行動は文部科学省に対する陳情，要請，批判が中心であった。社会や行政に対する働きかけが不十分であったため，図書館の意義が十分に理解されなかった。図書館関係者や利用者は社会や行政に対して積極的に働きかけ，図書館の意義について訴える必要がある。

b．公立図書館行政に対する取組みの課題

　公立図書館行政に対する取組みの課題として，次の点を挙げることができる。

　第1に，図書館法には法的強制力のある規定はほとんどない。「望ましい基準」にも法的強制力はない。したがって図書館や教育委員会は，図書館法，望ましい基準，審議会の答申・報告，民間団体の基準等の有用な規定の理念，考え方をフルに活用して各自治体で図書館政策を立案していく必要がある。それには，それらの規定の理論的，数値的根拠を明確にすることが求められる。

　第2に，基準・答申は図書館のあるべき姿を明らかにしているが，必要なサービスや運営方法を列挙しているため，優先順位の決定や取捨選択は各図書館が行う必要がある。基準・答申に先見性があればあるほど，実践に際しては十分な検討が必要である。各自治体で基準・答申を検証するとともに，独自の調査研究や創意工夫を行い，新しい政策や経営手法を開発する必要がある。

　第3に，実施に際しては，各図書館の環境や発展段階を踏まえて，具体的な実施計画を作成する必要がある。

　実施計画には，(1) 明確な目標の設定と優先順位の確立，(2) その実現のための現有資源の効率的活用，(3) 財政担当者等へのこれらの事業の意義の説明の

3点が必要である。また，図書館関係団体は図書館の発展段階をいくつかに分類し，それぞれのタイプの実施計画のモデルを作成することが望まれる。

c．図書館政策確立のための課題

政策を確立するには，図書館と他の行政部門の連携が必要である。担当職員には，図書館のサービス・運営方法に関する知識だけでなく，政策と行政に関する知識が必要である。それには司書と事務職の協力が必要で，司書も自治体行政に関する知識を持つ必要がある。この点がこれまで不十分であった。

図書館界では，政策に関する議論が不活発である。日本図書館協会における発言の機会は図書館職員，それも司書に偏りがちであるが，事務職にも発言の機会を保障すべきである。司書，事務職，利用者，研究者など立場の異なる人々が自由に発言や質問ができる開かれた討論の場が必要である。

図書館関係団体は，政策に関する情報，政策の背景となる知識・理論，図書館の発展段階と環境に応じた方針，各図書館のユニークなサービスや運営方法，サービスや運営方法の評価に関する情報の提供に努めるべきである。基準・答申を「どう読み，実践したか」に関する意見や経験の交換が必要である。

d．図書館政策の財源

わが国では，これまで図書館に充てる財源がないかのような主張が多かったが，近年，国と地方公共団体の膨大な財政赤字の最大の原因は無駄な公共事業にあり，その原因の一つは省庁間や局間の予算配分比率が固定されていることにあることが明らかになった。こうした行政の体質が改善され，省庁間や局間の予算配分比率が根本的に是正されるならば，図書館予算の確保は可能である。図書館界は他分野と協力して政策の転換を主張し，関係機関に働きかけるべきであるが，その前提として優れたサービスの実行が必要である。

第5章　図書館協力とネットワーク

「もしあなたの読みたい本がないときは，遠慮なく係員に注文してください。草の根を分けてもさがしだします。」

1972年7月に正規職員5名で開館した大阪市立西淀川図書館は，利用者への掲示でこう呼びかけた。[1)2)] 小さな図書館の司書でもこのように自信をもって言い切るには，司書の専門性が問われるのはもちろんであるが，図書館協力とネットワークが後ろ盾として欠かせない。

今日，図書館協力とネットワークは，コンピュータやインターネットなどの情報通信技術の導入によって，発展の度合いがますます高まっている。また，他の日常業務が，組織の中の階層的な指示命令系統の中で営まれるのに対し，図書館協力とネットワークは，組織の枠を越えた水平的な結びつきやギブアンドテイクの関係の中で営まれるとともに，参加や脱退が比較的容易であるという点で，発想の転換と柔軟な思考が必要である。確かに，組織間，メンバー間の調整に複雑な側面をもつが，単独では生み出せない成果が見込める点に，推進の意義が見出せる。

本章ではまず，図書館協力とネットワーク全般について解説し，次に類縁機関との協力とネットワークについて理解を深める。

1）大阪市立中央図書館「新分館誕生の記録」『大阪市立図書館報　図書館通信』No.40　1973.3　p.5.
2）塩見昇：図書館活動論（図書館学教育資料集成 3）　白石書店　1978　p.135.

1. 図書館協力とネットワークについての基本理解

(1) 用語の整理

　図書館協力とネットワークの対象範囲は，視点の違いで異なってくるが，ここでは組織のあり方という視点でとらえるものとする。本館と分館との日常的な結びつきも，情報通信技術の視点でとらえると，ネットワークといえるが，組織のあり方という視点でとらえると，組織の設置者（自治体首長など）および管理者（本館館長など）の階層的な指示命令系統の下に行われる点から，ネットワークとはとらえ難い。一般に，設置者および管理者を同じくする各館が機能分担して構築した全体組織については図書館システムと呼び[1]，図書館協力とネットワークの範囲に含めない。なお，県立図書館と県立大学附属図書館の結びつきのように，設置者が同一で管理者が異なる場合，階層的な指示命令系統の枠組みが薄れた組織内ネットワークととらえられる。

　以上の点に留意しながら，関係する用語をまとめておく。

a．図書館協力

　設置者および管理者の異なる図書館間の協力活動全般を網羅的に指す。必ずしもコンピュータを用いず，人的結びつき，共同企画，協定などによって成り立つものも含む。

b．図書館ネットワーク

　図書館が，コンピュータや通信を基盤に，設置者および管理者の異なる他の図書館や類縁機関などと連携，協力すること。ネットワーク・センター（ネットワーク管理組織，通常は中心的存在の館が役割を担う，以下 センターと略す）の確立を要す。図書館協力のうち，コンピュータや通信の介在する，限定

---

1) 森耕一「公立図書館の経営」『図書館界』Vol.35　No.4　1983.11　p.168.

c．図書館コンソーシアム

　地域，館種，業務分野などの限定された範囲で，設置者および管理者の異なる図書館同士が公的な連合組織を組むこと。図書館協力の限定された形態と考えることができる。大学図書館間の相互利用の協定，電子ジャーナルの共同契約などの取り組みが挙げられる。

（2） 法 的 根 拠

　図書館協力とネットワークの法的根拠として，「図書館法」，「公立図書館の設置及び運営上の望ましい基準」，「学校図書館法」の以下の条文が挙げられる。

a．「図書館法」
（図書館奉仕）
第3条　図書館は，図書館奉仕のため，土地の事情及び一般公衆の希望にそい，更に学校教育を援助し得るように留意し，おおむね左（次）の各号に掲げる事項の実施に努めなければならない。

　4　他の図書館，国立国会図書館，地方公共団体の議会に附置する図書室及び学校に附属する図書館又は図書室と緊密に連絡し，協力し，図書館資料の相互貸借を行うこと。

　8　学校，博物館，公民館，研究所等と緊密に連絡し，協力すること。

（協力の依頼）
第8条　都道府県の教育委員会は，当該都道府県内の図書館奉仕を促進するために，市（特別区を含む。以下同じ。）町村の教育委員会に対し，総合目録の作製，貸出文庫の巡回，図書館資料の相互貸借等に関して協力を求めることができる。

b．「公立図書館の設置及び運営上の望ましい基準」

1　総　則

（5）　他の図書館及びその他関係機関との連携・協力

　公立図書館は，資料及び情報の充実に努めるとともに，それぞれの状況に応じ，高度化・多様化する住民の要求に対応するため，資料や情報の相互利用等の協力活動の積極的な実施に努めるものとする。その際，公立図書館相互の連携（複数の市町村による共同事業を含む。）のみならず，学校図書館，大学図書館等の館種の異なる図書館や公民館，博物館等の社会教育施設，官公署，民間の調査研究施設等との連携にも努めるものとする。

3　都道府県立図書館

（1）　運営の基本

①都道府県立図書館は，住民の需要を広域的かつ総合的に把握して資料及び情報を収集，整理，保存及び提供する立場から，市町村立図書館に対する援助に努めるとともに，都道府県内の図書館間の連絡調整等の推進に努めるものとする。

②都道府県立図書館は，図書館を設置していない市町村の求めに応じて，図書館の設置に関し必要な援助を行うよう努めるものとする。

③都道府県立図書館は，住民の直接的利用に対応する体制も整備するものとする。

④都道府県立図書館は，図書館以外の社会教育施設や学校等とも連携しながら，広域的な観点に立って住民の学習活動を支援する機能の充実に努めるものとする。

（2）　市町村立図書館への援助

市町村立図書館の求めに応じて，次の援助に努めるものとする。

　　ア　資料の紹介，提供を行うこと。

　　イ　情報サービスに関する援助を行うこと。

　　ウ　図書館の資料を保存すること。

　　エ　図書館運営の相談に応じること。

オ　図書館の職員の研修に関し援助を行うこと。
（3）　都道府県立図書館と市町村立図書館とのネットワーク
　都道府県立図書館は，都道府県内の図書館の状況に応じ，コンピュータ等の情報・通信機器や電子メディア等を利用して，市町村立図書館との間に情報ネットワークを構築し，情報の円滑な流通の確保に努めるとともに，資料の搬送の確保にも努めるものとする。
（4）　図書館間の連絡調整等
①都道府県内の図書館の相互協力の促進や振興等に資するため，都道府県内の図書館で構成する団体等を活用して，図書館間の連絡調整の推進に努めるものとする。
②都道府県内の図書館サービスの充実のため，学校図書館，大学図書館，専門図書館，他の都道府県立図書館，国立国会図書館等との連携・協力に努めるものとする。

c．「学校図書館法」
（学校図書館の運営）
第4条　学校は，おおむね左（次）の各号に掲げるような方法によって，学校図書館を児童又は生徒及び教員の利用に供するものとする。
　5　他の学校の学校図書館，図書館，博物館，公民館等と緊密に連絡し，及び協力すること。

　いずれも，図書館および図書館以外の類縁機関との横断的な連携，協力の必要性並びに努力義務が述べられている。すなわち，館種，自治体内のセクション，自治体間，官民などの壁を越えて結びつき，協力し合う必要がある。

（3）　図書館協力とネットワークを考える枠組み

　図書館協力とネットワークを考える枠組みとして，a．組織間関係，b．館種，c．地理的範囲（空間的範囲）の三つの軸が挙げられる。

a．組織間関係

　図書館協力とネットワークは，① 参加館同士の双方向的な相互協力関係であるか，② センターあるいは主要館から他の参加館への一方向的な支援関係であるか，の組織間関係によって区分できる。ごく一般的なのは①の相互協力関係である。

　②の支援関係については，都道府県立図書館の第一義的機能としての市町村立図書館への援助が具体例として挙げられる。すなわち，前述した「公立図書館の設置及び運営上の望ましい基準」中の都道府県立図書館の「運営の基本」で，第1に，市町村立図書館への援助，第2に，図書館未設置市町村への図書館設置に対する援助を挙げた後，第3に，住民への直接サービスを挙げている点に象徴される。これは，決して住民への直接サービスを都道府県立図書館が軽視するわけではなく，都道府県域の広範囲に居住する住民への図書館サービスを実現するには，市町村立図書館などを援助しながら行うことが必要不可欠であり，合理的だからである。なお，公共図書館では，役割分担しながら住民サービスを行うという視点から，市町村立図書館は最前線に立つ第一線図書館，都道府県立図書館はそれを後方支援し補完する第二線図書館と呼称される場合がある。

b．館　　種

　図書館協力とネットワークが，公共図書館，大学図書館，学校図書館，専門図書館ごとの単一（同一）館種で構成されるか，あるいは，複数（異）館種で構成されるか，さらに図書館以外の類縁機関との連携があるかの多様性によって区分できる。わが国の図書館の協力関係は，一般に館種ごとに形成される縦割り構造である。異館種や類縁機関との連携が今後の課題であり，その実現によって，図書館協力とネットワーク全体の厚みが増すことが期待できる。

　館種ごとの全国的な協力組織として，全国公共図書館協議会，国立大学図書館協会，私立大学図書館協会，専門図書館協議会，日本医学図書館協会，日本薬学図書館協議会，全国学校図書館協議会などがある。館種を越えた全国的な

協力組織として日本図書館協会があり，国際的な協力組織として国際図書館連盟（IFLA：The International Federation of Library Associations and Institutions）がある。また，ユネスコ（UNESCO：国連教育科学文化機関）も国際的な図書館協力活動に積極的役割を果たしている。

c．地理的範囲（空間的範囲）

　図書館協力とネットワークは，カバーされる地理的範囲（空間的範囲）によって区分できる。具体的には，広域，都道府県域，地区（関東など），全国レベル，国際レベルである。図書館の日常業務のうち，自館で解決できない問題については，まず近隣の狭い範囲で対応し，それで解決できなければ遠隔の広い範囲へ順次進む積み上げ方式が基本となる。全国レベルでの最終的な拠りどころとして，わが国では国立国会図書館がある。

① 広域：近隣市町村立図書館間，近隣大学図書館間などで自発的に構築されるものである。公共図書館においては，広域行政圏，広域連合，さらには将来の市町村合併の枠組みの中で構築されたものもある。たとえば，上田地域公共図書館情報ネットワーク，山手線沿線私立大学図書館コンソーシアムなどがある。

② 都道府県域：この範囲の図書館協力とネットワークが，公共図書館では最も活発であり基本となる。これは，都道府県単位でまず充実を図るという，図書館法第8条に基づくものである。具体的には，センターとしての都道府県立図書館が構築する相互貸借網，総合目録，資料搬送網などと結びつく。また，都道府県単位では，館種ごとの協力組織（例：○○県大学図書館協議会）や，館種を越えた協力組織（例：○○（県）図書館協会）の活動が活発である。なお，都道府県図書館協会事務局は，一般に都道府県立図書館内にある。

③ 全国レベル：都道府県域の図書館協力とネットワークを補完する。中間的な範囲として，地区（関東など）がある。

④ 国際レベル：公共図書館で取り組まれることは少ないが，大学図書館で

は学術資料の相互貸借や文献送付サービスが日常的に取り組まれる。

　以上の組織間関係，館種，地理的範囲の三つの軸は，組み合わせて考える必要がある。この点を念頭に置きながら，次に対象業務（サービス）の具体例を概観する。

2. 対象業務（サービス）の具体例

　図書館協力とネットワークの対象業務（サービス）の具体例を以下に挙げる。直接サービスに関して，［図書館］相互貸借，［図書館］相互利用，協力レファレンスなどがあり，間接サービスに関して，［共同］分担目録作業，集中目録作業，総合目録，分担収集，分担保存などがある。

a．［図書館］相互貸借（ILL：interlibrary loan）

　利用者の要求に応じて，自館に未所蔵の資料を他館から取り寄せることをいう。公共，大学などの同一館種ごとに行われることが多い。資料搬送費用，所要時間などの関係から，広域，都道府県域，地区，全国の優先順位で依頼が行われる。その際の費用負担，貸出期間，貸出資料の範囲，申し込み手続きなどについては，館種，あるいは各地理的範囲で定められた相互貸借ルールに従う。たとえば，地区を越えた全国的な公共図書館間の相互貸借ルールに，全国公共図書館協議会の公共図書館間資料相互貸借指針がある。また，館ごとに，他館と相互貸借する際の独自の規則も定められる。

　大学図書館の相互貸借サービスは，文献送付サービス（document delivery service）の機能を合わせ持っている場合が多い。文献送付サービスとは，利用者の要求に応じて文献もしくはそのコピーを送付するサービスである。学術雑誌の記事の多くは，文献送付サービスが選択される。最近では，文献そのものが電子形態で利用できるようになったので地理的制約を受けにくく，国際レベルで行われることも多い。

なお，市町村立図書館において利用者から自館に所蔵しない資料の要求があった場合，その資料を当該都道府県立図書館が市町村立図書館に貸し出すことによって要求に応えることを協力貸出しと呼び，相互貸借とは区別する。

　都道府県域相互貸借のため，都道府県立図書館は，都道府県域資料搬送網を整備している場合が多い。資料搬送および情報交換のために市町村立図書館の間を巡回させている車は，協力車と呼ばれる。図書館協力車，連絡車，巡回車とも呼ばれる。宅配便，郵送などで，資料搬送のみを行う場合もある。巡回や搬送の範囲は主に公共図書館であるが，大学図書館などを含む場合もある。搬送頻度は，週1回，月1回など，各都道府県による格差が大きい。

　都道府県立図書館が協力車などを活用して，都道府県域の資料搬送基盤を構築し提供する仕組みは，原則として送料を利用者に求めない公共図書館間相互貸借の維持に効果的である。法的根拠として，「公立図書館の設置及び運営上の望ましい基準」の3.(3)がある。協力車などに相当する資料搬送基盤は，全国レベルにはなく，広域レベルでもあまり整備されていない。これは，都道府県域総合目録の盛んな構築とも密接に対応する。大学図書館相互貸借が，情報・システム機構国立情報学研究所（NII）をセンターとする全国規模の総合目録をベースに，送料を利用者負担とするのと対照的である。

b．[図書館] 相互利用 (interlibrary access)

　利用者が居住する自治体，所属する大学などの境界を越えて図書館を利用できるようにすることをいう。利用者カードが共通化される共通貸出制度へと発展する場合がある。

c．協力レファレンス (cooperative reference)

　自館で解決できない利用者の質問，相談について，協定を結んだ他館に照会し，回答を得ることをいう。なお，質問，相談内容に該当する分野の専門家や専門機関に照会して回答を得たり，専門家や専門機関そのものを利用者に紹介したりするサービスをレフェラルサービスという。

d. [共同] 分担目録作業（shared cataloging）

目録作成を参加館全体で行うことで重複作業をなくし成果を共有することをいう。なお，書誌ユーティリティ（bibliographic utility）とは，多数の参加機関によるオンライン分担目録作業を目的として形成された組織で，わが国では，大学図書館を主な参加機関として統括する NII がこれに相当する。

e. 集中目録作業（centralized cataloging）

限定された機関が，他の図書館などのために集中的に行う目録作業をいう。たとえば，国立国会図書館や米国議会図書館の MARC（Machine Readable Cataloging：機械可読目録）の作成にみられる。

f. 総 合 目 録（union catalog）

複数の図書館あるいはコレクションに収蔵されている資料の書誌データを，一つの体系のもとに編成，排列し，所在を示した目録のことをいう。全国レベルのものに，以下の二つがある。

国立国会図書館が提供する総合目録は，「国立国会図書館総合目録ネットワーク（ゆにかねっと）」と呼ばれる。国立国会図書館，都道府県立図書館，政令指定都市立図書館の各データベースから抽出された和図書データが集約される。

NII が提供する総合目録は，オンライン分担目録作業によって形成され，そのシステムは，「国立情報学研究所目録所在情報サービス（NACSIS-CAT）」と呼ばれる。図書，雑誌を対象とする。大学図書館を核とするが，他の館種も参加できる。相互貸借サービスの NACSIS-ILL と連動する。

「ゆにかねっと」のほか，都道府県域，広域の公共図書館を主要メンバーとする総合目録は，NII による大学図書館の総合目録と機能や目的が異なる。後者は相互貸借機能のほか，書誌ユーティリティによる目録データ作成機能をもつ。一方，公共図書館では，自館の目録データ作成を民間 MARC 会社との個別契約に依存し，総合目録に依存しないため，目的が相互貸借にほぼ限定され

る。

　ところで，コンピュータ処理される総合目録については，複数館の目録データをセンターが処理する際のデータベース管理方式によって，以下のように，集中型と分散型の2種類に区分できる。

　1）　**集中型**　　センターの単一データベースサーバで集中管理する方式。
　2）　**分散型**　　インターネット上に分散した複数館のデータベースサーバを，センターのコンピュータ（クライアント）が横断検索する方式。

　なお，上記各データベースサーバは Web OPAC(Online Public Access Catalog：オンライン閲覧目録) として公開されることが多い。

　Z39.50は，上記2）のクライアント・サーバ間の検索に関するデータ通信の約束事（検索プロトコル）を定義した国際標準規格（ISO）である。「ゼットサンキュウテンゴウゼロ（マル）」，「ジーサーティナインフィフティ」などと呼ばれる。

g. 分担収集 (coordinated acquisition)

　複数館が，あらかじめ定められた分野，資料の種類などに基づいて，資料収集を分担して行うことをいう。アメリカの主要な大学，研究図書館が，1948年から1972年まで外国語資料を対象に取り組んだファーミントンプラン(Farmington Plan)や，その流れを汲んで，1966年から1982年まで取り組まれた全米収書目録計画(National Program for Acquisitions and Cataloging：NPAC) が有名である。なお，わが国では1977年以降，文部科学省が国立大学附属図書館のうちから9大学図書館を外国雑誌センター館として指定している。外国雑誌センター館は，外国の学術雑誌のうち，4分野（理工学系，医学・生物学系，農学系，人文・社会科学系）を分担収集するとともに，全国の大学の研究者などへ文献送付サービスなどによる情報提供を行う。[1]

---

1) http://wwwsoc.nii.ac.jp/ncop/

h. 分担保存（shared storage）

　複数館が，あらかじめ定められた分野，資料の種類などに基づいて，資料保存を分担して行うことをいう。排架スペースの制約などを背景とし，相互貸借に支障のない，重複資料の廃棄を可能にする。なお，わが国の公共図書館では，いくつかの都道府県域で，雑誌や新聞を対象とした取り組みがみられる。

　以上の日常的な業務（サービス）におけるもののほか，研修，イベント，広報や人事交流などの取り組みが挙げられる。研修については，センターの役割を果たす図書館や協力組織の主催で行い，メンバーの知識，技能の底上げを行う。館種別，地理的範囲別，さらに組み合わせながら取り組まれる。また，図書館の利用促進や啓発のために，協力してイベントや広報を行う。人事交流については，設置者が異なると，通常，ほとんど行われないが，たとえば，町立図書館の設置のため，県立図書館職員が町立図書館設立準備室に出向し，町立図書館職員が県立図書館に研修を兼ねて出向するというケースがある。

　なお，間接サービスに関する図書館協力とネットワークに当たっては，書誌コントロール（書誌調整）を前提に行うことが合理的である。書誌コントロールとは，資料を識別同定し，記録し，利用可能な状態とする手法の総称である。具体的には，共通の基盤となる目録規則，分類法，MARC フォーマットや，標準的な資料識別記号などを制定することを通して行う。国際規模で行うことを特に，国際書誌コントロール（UBC；Universal Bibliographic Control）と呼ぶ。

3. 類縁機関との協力とネットワーク

　前掲の関係法規では，図書館のほか，類縁機関との協力についても努力が求められている。「図書館法」の上位法の「社会教育法」第9条で，図書館（公共図書館）は「社会教育のための機関」として位置付けられるが，同法で同様に位置付けられる公民館，博物館との協力については，前掲のいずれの関係法

規にも例示されている。東京都立図書館で作成されている類縁機関名簿の Web 版によれば，類縁機関とは，「専門分野に関する資料を所蔵し，文献・情報提供サービスを行っている専門情報機関のうち，公開性のある機関」と定義されている。[1] この条件を満たすものには，ほかに，文書館，生涯学習推進センター（生涯学習センター），女性センター，議会資料室，調査研究施設，情報センターなどが挙げられる。複合施設として併設される場合もある。公共図書館から見て異館種の，大学図書館，専門図書館，学校図書館なども含めて類縁機関とする場合もある。

　ここではまず，類縁機関のうち，公民館，生涯学習推進センター（生涯学習センター），博物館，文書館を，図書館との関係に留意しながら簡単に紹介する。次に，類縁機関との協力とネットワークの課題と解決指針を探る。

（1） 公 民 館

　公民館は，「社会教育法」において，市町村を設置者とする総合的な社会教育機関と規定され，ほとんどの市町村に複数館設置されている。学習の機会と情報を提供する機能をもつ。公民館図書室は，社会教育法第22条第3号の「図書，記録，模型，資料等を備え，その利用を図ること」を根拠とし，図書館未設置市町村にも存在することが多い。その機能を補充するため都道府県立図書館から支援用資料が長期一括貸出しされる場合もある。ただし，図書館未設置市町村の公民館図書室のほとんどは，図書館サービスの要件となる職員や資料が整備されておらず，図書館の代替は困難である。図書館未設置市町村においては，図書館の設置を当該市町村に働きかけ，設置機運を高めることが長期的には必要である。

（2） 生涯学習推進センター（生涯学習センター）

　生涯学習推進センター（生涯学習センター）とは，生涯学習支援のシステム

---

1) http://metro.tokyo.opac.jp/tml/trui/

化およびシステム全体の調整を行う機能をもつ機関である。[1] 具体的には,学習機会情報,施設情報,指導者情報,団体情報,資格情報などの学習情報の提供や,生涯学習を進めていく上でのさまざまな相談に応じる学習相談などに取り組んでいる。都道府県あるいは市町村単位で設置されるが,市町村によっては,中央公民館がその役割を果たしている場合もある。

(3) 博　物　館

博物館は,「博物館法」において,「歴史,芸術,民俗,産業,自然科学等に関する資料を収集し,保管し,展示して教育的配慮の下に一般公衆の利用に供し,その教養,調査研究,レクリエーション等に資するために必要な事業を行い,あわせてこれらの資料に関する調査研究をすることを目的とする機関」と規定されている。また,博物館資料は,「実物,標本,模写,模型,文献,図表,フィルム,レコード等」と規定されている。

文部科学省の社会教育調査によると,博物館は収集資料に対応して,総合博物館,科学博物館,歴史博物館,美術博物館,野外博物館,動物園,植物園,動植物園,水族館などに分けられる。[2] 図書館が,印刷,出版された複製資料を主要対象とし,貸出しなどを伴う利用を基本とするのに対し,博物館は,オリジナルのモノを主要対象とし,保存を重視する。

(4) 文　書　館

文書館とは,国,地方公共団体,組織,企業,個人などの公私の記録史料を収集,整理,保存,公開するのを目的とした機関である。[3] 図書館が,印刷,出版された複製資料を主要対象とし,貸出しなどを伴う利用を基本とするのに対し,文書館は,オリジナルの現物文書を主要対象とし,保存を重視する。なお,archives（アーカイブス）は,記録史料,文書館のどちらにも訳される。

---

1) 浅井経子：生涯学習概論　理想社　2002　p.57.
2) 文部科学省生涯学習政策局調査企画課：社会教育調査報告書 平成14年度　国立印刷局　2004　p.5.
3) 高橋実：文書館運動の周辺　岩田書院　1996　p.61.

文献資料を収集，提供する専門機関同士として，図書館と補完関係にある。

　国または地方公共団体の設置する公文書館の法的根拠に「公文書館法」がある。そこでは，公文書のほか，古文書，私文書などの収集，保存について，各館の判断に委(ゆだ)ねているため，館の名称には，公文書館，文書館のほか，資料館，歴史資料館など，さまざまなものがある。なお，公文書館法では，国，地方公共団体が事務処理上利用状態にある公文書を収集対象から外しており，それを対象とする情報公開制度と区別する必要がある。

(5)　類縁機関との協力とネットワークの課題と解決指針

　類縁機関との協力とネットワークについて理念的に考えられるのは，可能な範囲での資料の相互貸借，複写による取り寄せ，以上が困難な場合の施設紹介，レフェラルサービスなどであるが，実際にはほとんど行われてこなかった。今後は，資料収集，情報提供，相談業務，その他の事業における役割分担を明確にし，それぞれの機能を補完し合う関係を築く必要がある。

　図書館，博物館，文書館などでは，自館が所蔵する資料についてのデジタルアーカイビング（資料の電子化による保存）が個別に進みつつあるが，インターネットを基盤とした協力とネットワークが効果的である。すなわち，デジタルコンテンツの作成，整理，検索，公開などの各方法について，類縁機関との調整や標準化を行い，情報共有の仕組みを形成する必要がある。その際，メタデータ（目録，索引情報）をはじめとして，図書館が長年蓄積してきた書誌コントロールのノウハウが役立つ。類縁機関とのこうした取り組み事例に「デジタル岡山大百科」(http://www.libnet.pref.okayama.jp/mmhp/) がある。

第6章　図書館の歴史

1. 古代より近世に至る図書館の形成

a．古代の学術図書館

　今日の学術図書館の原型と考えられるのは紀元前3世紀のアレキサンドリアの図書館の形成である。写本を徹底的に収集し，理想のテキスト確立を行い，外国語テキストはギリシャ語に翻訳された。収集されたテキストは蔵書目録が作成され保存された。カリマコス（Kallimachos, 310 ? ～240 B.C.）の作成した「ピナケス（目録）」は解題書誌であり，利用者への情報提供を目的とする書誌であった。アレクサンドリア図書館では，このように新しい情報の収集，生産と加工，蓄積と組織化，そして情報提供が行われていたと考えられ，学術図書館の原型が成立したと見ることができる。つまり，図書館が知的再生産の場所であるとの本質を示したのである。

b．中世大学図書館の形成

　12～13世紀に都市に研究組織としての中世大学が登場した。大学は複数の学生の読書を想定するテキストを必要とし，テキストは教育システムに欠かすことの出来ないものとなり，写本生産の組織化が始まった。図書館はこの教育システムと結びつき，13世紀のソルボンヌ学寮にみられるような大学図書館の出現をみたのである。のみならず，読書活動は中世修道院の読書のような精神的・霊的読書から知識獲得のための多読の読書に移行し，学生は大量のテキストを読む必要に迫られた。こうした読書機能の変化に伴い，大全，詞華集や内容目次一覧，用語索引などの参考図書が現れ，必読書や参考図書など常備書を鎖で繋ぐ共同の読書施設としての大学図書館が生まれた。

c．ルネサンス期の王侯図書館

15世紀半ばのグーテンベルクによる活版印刷術の発明は大量のテキスト・コピーの供給を可能にし，ルネサンス運動や16世紀前葉の宗教改革と結びついて徐々に読書層の拡大を促していった。ギリシャ・ローマの古典の発掘から16世紀以降，新たな世俗の各国語をベースにしたテキストが増えていった。刊本の生産が増えるに伴い，全国書誌や主題書誌が登場するようになる。

ルネサンス期以降，権力の世俗化は王侯貴族による大図書館の形成に向かわせた。権力を後ろ盾として網羅的収集を図る普遍的な図書館づくりが始まり，写本コレクションに刊本のコレクションが加わり，後の国立図書館に成長する基礎を形成した。フランスの絶対王政の確立期に世界最初の納本制度（1537）が生まれたことも注目される。

2．近代図書館成立への胎動

17～18世紀のヨーロッパは16世紀の宗教戦争の混乱から立ち直り，比較的安定した社会となり人口も着実に上昇した。この時代は聖俗革命が進行し，啓蒙主義時代といわれる。17世紀以降は自然科学的な文献が増産され，ヨーロッパの知識人共同体が形成されていく。17世紀後半には Philosophical Transaction や Journal de sçavans などの初期雑誌が形成されていった。啓蒙の時代を通して，読者層に徐々に市民が登場し始める。

a．読書材の供給

書物の発行部数を正確にとらえることは困難であるが，16世紀の一世紀間で15万点から20万点であったものが，19世紀では825万点に上っている。他方，印刷部数も16世紀半ばまでは1千部を超えることはなかったが，17～18世紀には2千～3千部を数えた。ディドロ・ダランベールの『百科全書』は海賊版を含めると23,000部以上が発行され，これは当時としては大ベストセラーである。

17世紀末から18世紀にかけて雑誌や新聞が生まれ，小冊子も多数生産されるようになった。19世紀になると大衆小説が現れ，バイロンの『海賊』(1814年刊)は1万部が当日売り切れとなるなど，印刷点数及び発行点数は幾何級数的に増大してきた。こうした印刷総数の膨大化，すなわち印刷物の供給の飛躍的増大は当然，読書層の拡大を促し，また前提にしている。

b．読書層の拡大

　読書階層または読書人口を統計的に把握することは難しいが，いくつかの指標で大枠を推定することは可能である。

　一つは読書に際して最も基底となる指標，識字率の上昇である。フランスでは，男子で17世紀末で30％弱，18世紀末50％弱，19世紀初頭で約55％であり，中葉の1866年には71.8％と推移している。女子はこれらより15～20％低い。同時期のイギリスではフランスよりも若干高いと推定されている。識字率が即読書人口でないこと，読書はまた宗教書，実用書，娯楽用，専門・教養読書など階梯があることをも考慮すべきだが，識字率の上昇が読書人口の底辺を拡大していったことは想定できよう。

　第2の指標は中等教育の拡大である。イギリスでの15～16世紀のグラマー・スクールの出現，ドイツでの17世紀後半のリッター・アカデミーの出現，フランスの17世紀以降のコレージュの拡大などである。

　第3の指標として，図書所有階層の分布がある。中世以来の伝統的な知識階級であった聖職者に加え，貴族やブルジョアの官職保有者，宮廷貴族，軍人貴族がこれに加わり，17世紀末から18世紀以降には商人や職人などの市民層が書物の所有者として加わる。こうした読書層・読書人口の拡大のなかで，1781年サミュエル・ジョンソン (S. Johnson, 1709～84)は「イギリス人は読書国民である」と述べることができた。19世紀になると，市民層が読書層の中核を形成していくのである。

c．読書施設の出現

　読書材の供給と読書の需要，すなわち読書の受給関係の拡大は，一方で既存

の図書館の公開の動きを加速するとともに，他方，産業社会の到来と相まって，私設の読書施設を多数生み出すことになった。まず，ヨーロッパ社会を中心にこの動きを見ていこう。

図書館の公開　図書館の公開の動きは18世紀に加速されるが，宗教界の図書館は16世紀後半には限定的ではあれ，大なり小なり公開されており，かなり一般的な姿となってきていた。1643年開館のマザラン図書館の学者への公開は有名であるが，人文主義者や法官たちの図書館にも公開するものがあった。18世紀には各地のアカデミーの図書館の公開の動きが活発になる。フランスではボルドーの科学・文芸・芸術アカデミーが1712年に会員のための図書館をつくり，各地に影響を与えた。グルノーブルでは1774年に最初から公開の図書館をつくっている。マザラン図書館の司書G.ノーデ（G. Naude, 1600～53）は，これより前1627年に『図書館建設への提言』を書いたが，この最初の図書館論ともいうべき図書選択論，蔵書構成論は，網羅的な収集がもはや困難であり，普遍的図書館の理想がもはや不可能であることを示している。公平な観点での選択指針など彼の選択論は今日でも新鮮に生き続けている。

コーヒーハウス　新しい読書施設も生み出されていった。最も簡易な読書施設にコーヒーハウスがあった。イギリスでの発祥は17世紀半ばにオックスフォードの大学町においてである。やがてロンドンにも広まり，王政復古期（1660～1680）に急速に伸び，18世紀初頭には2,000軒を超す店があったとされる。新聞や雑誌が読まれ，政治が議論され，文士たちが談論風発するとともに，新聞・雑誌のジャーナリズムもこの場を情報源として成長した。19世紀後半になると種々の理由で衰退に向かうが，コーヒーハウスは情報の飛び交う文化的「るつぼ」として機能し，中産階級である市民層が出入りし，読書層拡大に一役買ったのである。

貸本屋　18世紀になると本格的な読書施設として営利目的の貸本屋や非営利的な会員制の図書館が現れるようになる。1725年ラムズィ（A. Ramsay, 1686～1758）はエディンバラで貸本屋を始めた。1740年頃からロンドンにも普及し，世紀末には26軒の貸本屋があった。1842年に開店したムーディ

(Ch. E. Mudie, 1818～90) のムーディ・ライブラリーはインド，中国，南アフリカにも前進基地をもつ大規模貸本屋として知られている。貸本屋の存在は，ドイツでも1811年にベルリンで27軒を数え，フランスでも17世紀末にはその存在が知られ，王政復古期（1814～30）の最盛期にはパリで大小463軒あったとされる。このような営利目的の読書施設の繁盛は17～19世紀にみられる世界的現象であり，日本も例外ではなく享保（1716～36）頃に急成長したといわれている。

会員制図書館 営利目的でない読書施設に会員制の図書館があった。18世紀中葉以降，スコットランドのダムフリースなどで始められ，イングランドでは1758年のリバプール・ライブラリーが最初である。ブッククラブから出発し，1850年には立派な施設をもち，3万6千余冊を所蔵し，ライシアムとして知られた。現在なお存在する会員制図書館にリーズ・ライブラリーがある。この図書館は1768年に設立されたもので，非国教会派の牧師であり化学者でもあったJ.プリーストリ（Joseph Priestley, 1733～1804）が初代の事務を預かった。会員制図書館はマンチェスター，シェフィールド，ブリストル，バーミンガム，ノリッジなどでも18世紀後半になってみられた。これら会員制図書館は上流・中流市民層のための自前の読書施設といえる。

その他の読書施設 18世紀から19世紀前葉にかけて下層市民および労働者のための慈善的な読書施設も多数つくられるようになる。18世紀には，トマス・ブレイ（Thomas Bray, 1656～1730）の教区図書館やキリスト教知識普及協会による宗教色の濃い図書館設立の活動があった。1820年代以降には，エディンバラ，グラスゴーやロンドン，マンチェスター，シェフィールドなどの工業都市で，職工学校が初期は科学文献を中心に図書館を形成した。職人図書館や徒弟図書館など，慈善家や工場主による慈善的な性格の図書館もつくられた。

d．新大陸アメリカの図書館

1620年メイフラワー号による最初の移住者がプリマスに上陸したのが，ア

メリカ建国の最初とされ，1630年にはマサチューセッツに植民地がつくられた。1636年には早くもボストンでハーバード・カレッジが創立をみている。とはいえ，アメリカの出版の草創期は1800～1850年頃とされ，図書はイギリスから船でもたらされるか，それらをアメリカ国内で印刷するのが一般的であった。アメリカの出版が飛躍的に成長するのは1850～1900年頃からであるが，この頃でも，出版社はロンドンに事務所を置き，絶えず，イギリスの出版動向に注意を向けていた。文化的伝統とは無縁なところで近代社会が出発したことが，逆に知識渇望の念が強く働き，読書施設が急速に発展したと考えられる。

ブレイ図書館　前述のトマス・ブレイが1700年にメリーランドの代理司教として派遣されたのを契機に，アメリカで最初の図書館設立運動が始まった。ブレイの図書館構想の特徴は，一つにはプロヴィンシャル（大管区），ディカーナル（地方監督管区），パロキアル（教区）と宗教管区の階層ごとに図書館設立を考えたことである。首都アナポリスに設立されたプロヴィンシャル図書館は1千冊に及ぶものであったが，パロキアル図書館が小規模ながら数からいってブレイ図書館の中心である。これらの図書館は牧師，指導者の利用を目的とした。他方，教区住民のためのレイマンズ（世俗人）図書館を構想したのもう一つの特徴である。ブレイの死後，ブレイ協会によって各地につくられるが，黒人学校に置かれたものも少なくない。ブレイ図書館はアメリカ最初の図書館運動としての意義があるが，イギリス国教会の慈恵的宗教活動の枠内のものであった。

フィラデルフィア図書館会社　ベンジャミン・フランクリン（B. Franklin, 1706～90）とその仲間によって1731年につくられたフィラデルフィア図書館会社はアメリカにおける近代図書館の嚆矢である。フランクリンとその仲間たちは苦学力行して世に出ようと「ジャントー・クラブ」を形成し，仲間同士で図書を持ち寄り勉強会を続け，そうした中から共同の図書館の考えが生まれていった。当初は会員に限定されていたが，早い時期から非会員にも公開するようになり，1742年には法人資格を得た。これは株式の個人所有の否定であ

り，会費制による経営というより，開かれた形をとったことを意味する。蔵書構成も歴史・文学・自然科学の比率が高く，脱宗教を明確にしていた。1772年，州会議事堂の近くに新館を建て，大陸会議の代表者たちへの利用を申し出るまでに成長した。

ソーシャル・ライブラリー　1807年，文芸クラブに集うボストンの知識人たちがボストン・アセニアムという図書館をつくった。ボストン・アセニアムはボストン市立図書館設立運動が始まる1841年には蔵書5万冊に達する大図書館に成長するが，株式所有者の図書館であり，富裕者図書館とも称される。フィラデルフィアの会員制の図書館とボストン・アセニアムの株式図書館は法的，理念的には異なる類型であるが，その境界は必ずしも明確ではない。会員集団がより特化した工場付設図書館，徒弟図書館，商事図書館などこの種の図書館は多様な形をとるが，総体としてソーシャル・ライブラリーと称され，ニューイングランドにおいて，1850年には1,064館まで数えた。

学校区図書館　1835年のニューヨーク州を初めとし，マサチューセッツ州，コネチカット州，ロードアイランド州などでは学校区が資金を出し，学校区図書館を形成する州法が成立した。規模は小さいものの，公的読書施設の初期形態が現れてくる。

3．近代図書館の成立

　啓蒙期を経て，近代社会が成立するようになると，図書館には新たな役割が期待されるようになった。19世紀は科学革命の時代といわれるが，近代社会は科学的な知識をベースに産業社会を生み出すとともに，国民による近代国家の形成に向かった。産業社会は熟練でなく分業に基づく生産様式であり，知識普及をベースに置くものであった。知識の獲得が必須となり，教育の重要性が高まり，学校教育の義務化とともに社会教育が要請されるようになった。

　図書館は前述の私設読書施設の勃興を受けて公的読書施設すなわち公共図書館が成立する。近代図書館の最大の特徴である公共図書館の出現とともに国の

中央館である国立図書館や，近代的な学問内容に変容した大学の大学図書館，さらには省庁や企業などの専門図書館なども整備され，図書館機能が分化することにより館種が成立するのも近代図書館の特徴である。これらの館種にみる図書館は伝統的な学術図書館と新たに出現した民衆図書館という図書館概念の対立に加え，中央集権的な国民国家と領邦国家の伝統に由来する連邦国家という国民国家の形成の違いにより，近代図書館の形成は各国個別に展開する。

a．国立図書館

　国の中央館である国立図書館は，(1) 納本制度に基づき一国の出版物を網羅的に収集し，それらを保存する，(2) 全国書誌により存在する文献を報知する書誌サービスを提供する，(3) 自国の図書館界のリーダシップをとり，図書館間の協力関係を調整すること，の３点を主要な機能としている。同時にすべての図書を網羅的に収集しようとする普遍的図書館機能を可能なかぎり追求しようとする参考図書館でもある。

フランス　フランスでは，ルネサンス期以降，アンシアン・レジーム期を通し長い時間をかけて王室図書館が形成されてきた。18世紀には，写本部，刊本部，称号及び系譜部，版画部，貨幣・古代部の組織をもち，内容的にはあらゆる主題を網羅する百科全書的な性格を，形態としては印刷物としてのあらゆるメディアを収集するという性格をもつ。1789年のフランス革命では王室図書館を継承するとともに，修道院などの旧体制下の諸機関のもつ蔵書を加え，公開を前提とする国民図書館に変貌し，いち早く国立図書館を形成した。

イギリス　イギリスでは1753年に大英博物館が成立した。1807年，古美術部門の充実に伴い，古美術部門や自然史部門とともに刊本部や写本手稿部などの図書館部門が基礎を固め，19世紀後半にはヴィクトリア朝の繁栄を背景に世界的な国の中央館としての地位を築いた。1857年に開館した新館はスマーク兄弟による鉄筋造りの図書館（Iron Library）で，大閲覧室と書庫から成る。イタリアからの亡命者パニッツィ（Sir A. Panizzi, 1797～1879）は

第6代館長（1855～66）となり，義務納本の実施，閲覧室の拡大による読書環境の改善，職員の待遇向上に取り組んだ。1881年に刊行され始めた130万冊といわれた全蔵書のアルファベット順の刊本目録は，1882～1899年の追加目録を含め，世界の大図書館の最初の目録であった。

ドイツ　　長く領邦国家の形をとり国家形態の変遷がたびたび見られ，現在も連邦国家であるドイツでは中央集権的な単独の国の中央館を持たず，分散した姿をとっている。16世紀創設のミュンヘン大公図書館は，ミュンヘン宮廷図書館，1919年にはバイエルン国立図書館となった（現バイエルン州立図書館）。17世紀創設のベルリン選定公図書館は1701年，プロイセンの王室図書館となり，1871年のドイツ帝国成立後はベルリン国立図書館，1919年にはプロイセン国立図書館となった。1912年にはドイツ書籍商組合がライプチヒにドイッチェ・ビュッヘライを設立した。また，16世紀創設の神聖ローマ帝国のウィーン宮廷図書館は，1920年にオーストリアの国立図書館となっている。

アメリカ　　今日の世界最大の国立中央図書館は，アメリカの議会図書館であり，立法府に属していて，第二次世界大戦後にわが国で創設された国立国会図書館もこの形を踏襲しているが，こうした例は少ない。1800年に議員のための図書館として出発したこの図書館は，南北戦争後急速に拡大し，第6代の館長スパフォード（A. R. Spofford, 1824～1908）は1870年の新著作権法により法定著作権図書館にして蔵書の拡大を図るとともに，植民地時代のアメリカ史関係のアメリカーナ・コレクションの充実を図った。1897年には新館が成り，第8代館長パトナム（G. H. Putnum, 1861～1955）の時代に議会図書館分類表の刊行，印刷カード目録の頒布を始め，相互貸借システムを始めるなど国の中央館に成長した。彼の時代は第二のコレクション拡大期といわれる。第一次世界大戦後はロシア語，日本語，中国語の資料など世界的な普遍図書館を意図するまでになった。

b．大学図書館

　近代の大学は1810年のフンボルト兄弟らによって教養大学として構想されたベルリン大学や，1836年に新設されたロンドン大学にその典型をみることができる。ベルリン大学は研究・教育のための教師と学生による自由な学風の共同機関として全ドイツ国民を対象に生まれた大学である。他方，ロンドン大学は，医学，科学，工学の専門教育を施す市民のための大学であった。オックスフォードやケンブリッジのような旧大学でも，19世紀半ばになると，管理機構の強化，非国教徒への部分的開放，自然諸科学や言語学など近代的学問内容の採用を余儀なくされた。アメリカでも17世紀に生まれた牧師養成また指導者養成のハーバード大学など伝統校のほかに，19世紀にはアメリカ理念の州立大学，ドイツ型モデルのジョーンズ・ホプキンス大学などが生まれている。

　これら近代の大学の図書館は18世紀のゲッチンゲン大学の図書館の実践がドイツ各地，さらに外国にまで拡がっていったとされる。ゲッチンゲン大学図書館では収書方針を確立し，図書の継続購入費を用意していた。1752年の『ゲッチンゲン学術批評』は新刊書の評価を行い，収集に役立たせるとともに，情報の提供を行っていた。さらに，学生利用者の利用環境の改善を行い，大学における研究と教育の基盤としての図書館が整備されていった。1877年ハーバード・カレッジに移ったＪ．ウィンザーは，ドイツ型をモデルとするカレッジの改革のなかで，分類・排架や目録を改善し，参考文献リストや新着図書情報などの情報提供を行い，開館時間の延長や指定図書制度の拡大，さらには相互貸借など相互協力も推し進め，図書館利用を積極的に推進した。

c．公共図書館

　近代の産業社会は公教育の整備と社会教育を同時に要請する。公共図書館の成立事情は各国で異なるが，社会教育としての図書館が注目されるのは公的な初等教育の動きと相前後するということもできよう。

　初等義務教育　　初等教育は，17世紀末から慈善学校などが現れ，18世紀末から19世紀初頭にかけてはランカスター等による慈恵主義に基づく相互学校な

ども現れるようになった。職工学校も1820～60年にかけ，イギリス，アメリカで数多く設立された。これらの初等教育はやがて公教育へと移っていく。プロイセンの「一般地方学事通則」(1763)が最初の近代的初等学校令といわれているが，一般庶民の子弟が直ちに通学するにはほど遠い状況であった。各国で初等義務教育制が成立するのは19世紀のことである。フランスでの最初の法律は1833年のギゾー法であるが，非宗教化，無償，義務制の制度確立をみるのは1882年のフェリー法である。アメリカでは1852年のマサチューセッツ州義務就学令が最初で，他の諸州もこれに続いた。イギリスでは1870年に初等教育法が成立している。これらの初等学校では読み・書き・算術の3R'sを中心とする知識教育が施されるとともに，産業社会に必要な標準時間への馴致など規律に対する訓練が行われた。

フランス 　フランスの公共図書館成立はフランス革命に起因している。革命により修道院や旧体制の諸機関の図書館の蔵書は没収され国有財産となった。革命の進行の過程で亡命貴族などの図書もこれに加えられた。革命政府はこれらの図書を新しい体制下での教育手段として活用しようとした。没収図書は，一時，文献保管所に収容され，それらを目録化し全国的な総合目録が企画されたが，混乱のなかで完成をみずに終わった。文献保管所の図書は新しい中等教育機関としてつくられた中央学校の所管となったが，1802年，中央学校が廃止されたのに伴い，翌1803年に市町村の管轄となり，約150の市町村立図書館が形成された。しかし，蔵書内容が学術的なものであり，新刊図書を購入する財源も欠いていたため，新たな市民利用者を引きつける魅力に欠けていた。初等教育との関連でいえば，七月革命の民衆教育理念，二月革命の労働者教育理念により，1860年代のフランクリン協会の設立や民衆図書館運動，農村の学校図書館運動，J.マセ(J. Macé, 1815～94)の労働者のための市町村立図書館運動や教育連盟の動きが注目される。

イギリス 　早い時期の1760年頃から始まったイギリスの産業革命は先鋭な形で社会に階級分化を引き起こし，19世紀のイギリスでは「二つの国民」といわれる現象を生み出していた。劣悪な環境は労働者を飲酒に向かわせ，

社会不安を生み出し，労働運動も頻発しつつあった。1850年の世界で初めての図書館法はこうした背景において成立したものである。大英博物館図書館職員エドワード・エドワーズ（E. Edwards, 1812～86）が統計学会でイギリスの公的読書施設の貧困さを発表したのを契機として，イギリス議会の自由党左派のユアート（W. Ewart, 1798～1869）が社会問題を教育により解決しようとしたのが図書館法成立の発端であり，議会は図書館の普遍性の観点から労働者対策として了承し，1850年に成立をみた。その後1870年の初等教育法との相乗効果もあり，中産階級が伸張するにつれて利用者は増え，第一次世界大戦以降の成長は著しく，1927年の「ケニヨン報告」では労働者の図書館ではなく国民一般の図書館であると述べられ，この考えが定着した。

アメリカ　アメリカでは1848年，ボストン市議会の要請でマサチューセッツ州議会は市に図書館設立の権能を与えた。これがアメリカ最初の図書館法といわれている。アメリカでは当初から学校教育の補完として公共図書館が構想されていたところにヨーロッパ社会と異なる特徴がある。1868年，ジュエットの後任として第3代ボストン市立図書館長に就任したウィンザー（J. Winsor, 1831～97）は大衆の利用を重視し，分館の建設を図り，全国にモデルを示した。南北戦争後，多くの市が公共図書館を持ち，1876年には世界最初の図書館協会を設立させた。公共図書館が活況を呈し，公共図書館運動の世界の先進国になったのは，印刷カードの創始者であるジュエット（Ch. C. Jewett, 1816～68），雑誌文献索引を最初に作ったプール（W. F. Poole, 1821～94），辞書体目録規則や展開分類法を考案したカッター（Ch. A. Cutter, 1837～1903）など優れた指導者が輩出したからである。なかでも，図書館界に最大の貢献をしたのはメルヴィル・デューイ（Melvil Dewey, 1851～1931）である。デューイは「十進分類法（D）DC」をつくり，この分類法は多くの公共図書館で標準分類法として採用された。アメリカ図書館協会の無給事務局長を務め，『図書館雑誌』の編集にあたるなど，協会に献身的に尽くした。1887年には，コロンビア・カレッジで世界で初

めての「図書館学校」を開講した。彼の学校は愛弟子シャープ（K. Sharp, 1865〜1914）などによりアメリカで広められていった。分類法や目録規則などの基本的な図書館技術を基盤として利用者が利用しやすい実践的な近代図書館が運営されていった。

4. 近代以降の日本の図書館

日本は文庫の長い歴史を有しながらも，明治以降は西欧の図書館をモデルとして図書館建設を始める必要があった。第1に，文庫には「公開」の思想が欠けていたからである。第2には，19世紀以降の公共図書館の概念には利用者としての市民が前提とされるが，「市民」概念が未成熟であったことも大きい。福沢諭吉の『西洋事情』や久米邦武（1839〜1931）の『特命全権大使米欧回覧実記』は西欧の図書館の紹介を行った。図書館経営はそのモデルをアメリカの公共図書館の発展を受けてアメリカに求めたのであった。日本最初の国立公共図書館は，明治5（1872）年，市川清流（1824〜？）の建白書「書籍院建設」により湯島聖堂内に設立された「書籍館」であり，明治初期の不安定な政権下で所管や名称が変わるが，西南戦争後の明治13年東京図書館となり，18年には上野に移転し，明治30（1897）年には，田中稲城（1856〜1925）を初代館長として帝国図書館と改称された。この図書館は第二次世界大戦前には100万冊を超えるわが国最大の参考図書館となった。

明治6年は，京都に民間による西洋式2階建ての「集書院」が開設されるが，明治初年から全国各地に公立・私立の簡易読書施設である新聞縦覧所，書籍縦覧所が生まれている。明治16（1883）年には，教育の普及を目的として教師や教育関係者を中心とした大日本教育会が設立され，同20年に附属図書館を設置したが，教育会は各地につくられ，明治20年代には教育会系の図書館が各地につくられた。しかし，これら各種の多くの図書館は必ずしも永続的なものではなかった。この間，明治10年には田中不二麻呂（1845〜1909）の「公立書籍館ノ設立ヲ要ス」や日賀田種太郎（1853〜1926）のアメリカの公共図書

館紹介など，図書館の必要性を論じた啓蒙的論説が盛んになされた。

　書籍館に替わり「図書館」の用語が公的に規定されたのは明治23年の小学校令からであるが，明治32(1899)年には，初めての単独法令である「図書館令」が公布されて，公立では，明治31年の京都府立や秋田県立，山口県立などの図書館，明治36年の大阪府立図書館，明治39年の東京市立日比谷図書館など，中核都市で続々と設立されていった。京都府立図書館長の湯浅吉郎(1858～1943)や秋田県・山口県立図書館の館長を務めた佐野友三郎（1864～1920）などは巡回文庫の実施や児童室の開設など近代図書館の優れた実践者であった。私立では，成田図書館（明治34）や大橋図書館などが活発な活動を展開した。

　明治25年には田中稲城や和田万吉（1865～1934）らにより日本文庫協会が創設され，和漢書目録編纂規則がまず討議され，漸次，図書館に関する事業展開に取り組むことになった。明治40年には機関誌『図書館雑誌』が発刊され，翌41年に会は「日本図書館協会」と改称された。

　大正の時代に入ると，文部省に社会教育課（大正8）が設置され，広範な社会教育の中核に図書館が位置づけられることになり，多くは弱小さらには零細図書館ではあったが図書館数が急増し，この時期に裾野が確実に広がった。

　大正4年，東京市立図書館は日比谷図書館のほかに19の地区図書館を建て，図書館網を完成させた。同館は今沢慈海（1882～1968）館頭のもと，閲覧時間の延長や開架の促進，館外貸出しの重視，レファレンス・サービスの導入など積極的な利用者サービスをするとともに，図書選択法の改良や相互貸借にも取り組み，先進的な活動を展開した。図書館は農村にも波及し，青年団による図書館運営も活発に行われた。大正10年には文部省図書館員教習所が開設された。大正12年の関東大震災は，東京帝国大学図書館や東京市立図書館，大橋図書館などに甚大な被害を与え，活況を呈したかに見えた図書館界に転機をもたらした。昭和8年の改正図書館令により，中央図書館制度が採用され，戦時下の時代への移行に伴い，図書館が思想の中央統制の道具になっていく。国民＝市民　の市民の側面が，わが国の世界での孤立化に歩調を合わせ，急速

に細っていったのである。

　第二次世界大戦後，戦災の被害を受けた図書館は戦後復興を掲げて再建策に取り組むことになる。政治的な大転換を受けて，アメリカの図書館思想がより直接的にわが国に導入された。それは民主主義と図書館という観点である。昭和20年から東京をはじめ各地に「CIE図書館」が設置され，アメリカ型モデル図書館が展開された。翌昭和21年の「米国教育使節団報告書」，昭和23年の国立国会図書館に対する「ダウンズ勧告」などである。

　戦後の教育基本法（昭和22），社会教育法（昭和23）の精神に則り，昭和25年，「図書館法」が制定された。これ以後の図書館はこの図書館法が基盤となった。図書館令との最大の違いは，図書館奉仕の概念を明示したことと，入館料など対価徴収を禁止し，無料の原則を明確にしたことである。昭和23年制定の国立国会図書館法により，帝国図書館・国立図書館は吸収・再編され，アメリカの議会図書館をモデルとした国の中央館が成立した。学校図書館に対しては，昭和28年，学校図書館法が制定されたが，学校図書館の活性化には直ちには結びつくことがなかった。

　戦後の図書館が図書館法などの法制化で新たな出発をみたといっても，昭和30年代に入っても，図書館利用は停滞状況を打破するまでには至らなかった。こうしたなかで，日本図書館協会は有山崧（1911〜69）の主導で全国の実態調査に着手し，中小図書館の運営基準作成事業を開始し，昭和38年『中小都市における公共図書館の運営』（略称「中小レポート」）を刊行した。図書館を住民に浸透させるため，貸出し重視の路線をとり，東京の日野市立図書館を皮切りに，三多摩や大都市の近郊都市で着実に図書館が定着するようになった。折りしも，日本経済は高度成長期を迎えており，日本の社会構造が大きな変化を示した時代であった。国民＝市民 の市民重視の新しい「市民」概念が登場したのである。昭和45年には『市民の図書館』が刊行され，これより公共図書館は市民生活に定着するようになっていくのである。

5. 20世紀および現在の図書館

　自然科学や社会科学の発達は，学問の細分化をもたらし，研究者の増加は研究文献の量産を加速させ，世界規模で文献が増大した。特に科学の分野では雑誌文献の重要性が増し，20世紀の図書館は1館の単館主義では対処できなくなり，国立中央館の役割や国際的な図書館間協力が大きな問題となった。他方，高学歴化，女性の社会進出，知識の大衆化現象が一段と進み，同時に交通や情報伝達技術の進歩により世界の同時性が一段と進んだ。

a．国際協力

　国際書誌学会とドキュメンテーション活動　ベルギーの法曹家ポール・オトレ（P, Otlet, 1868〜1944）とラ・フォンテーヌは1895年に国際書誌学会をつくったが，彼らが目指したのは世界規模の文献目録の作成であった。世界的な国際学会を形成し，各国に支部を置き，支部を通して世界書誌の作成を企図したのであった。彼らはデューイの十進分類法に分析・合成式の枠組みと記号法を採り入れ「国際十進分類法 UDC」を作り上げた。これは学術論文の分類に応用できる分類表である。彼らは図書，雑誌論文の書誌コントロールを目指したにとどまらず，図像や行政文書まで書誌の対象にしようとした。すなわち，これまでの図書館活動が図書ベースであったのに対して，情報単位にシフトしようとした意図がみてとれるのである。国際書誌学会は1937年に国際ドキュメンテーション協会と改称するが，彼らの活動はドキュメンテーション活動と呼ばれた。

　IFLAなどの活動　第二次世界大戦後，国際連合の下に，第一次世界大戦後の国際知的協力委員会を母胎にユネスコが生まれた。ユネスコは書誌的活動，出版物の交換，戦災図書館の復旧，後進国の公共図書館の普及など図書館の国際協力を推進し，1949年に「公共図書館宣言」を出した（1972年改訂）。ユネスコの活動とともに，国際図書館連盟（IFLA）の活動がある。1926年に

国際館長会議がプラハで開催され，翌1927年，エディンバラで国際図書館書誌委員会（ILBC）が設立され，第1回大会がローマで開催された。1953年に国際図書館連盟（IFLA）と改称された。IFLAはユネスコとともに，世界書誌調整（UBC）や世界文献利用（UAP）などの国際的な図書館協力活動に取り組んできた。

b．国立中央図書館の再編

　第二次世界大戦後は，科学文献に対する対処がさらに緊急の課題になった。英国では大英博物館図書館のほか9館の国立図書館があったなか，統合に向けて，1968年，国立図書館調査委員会（デイントン委員会）が設置され，1973年に参考局，貸出局，書誌サービス局の3局と研究・開発部からなる英国図書館に再編された。1961年設立の国立科学技術図書館ではアーカート博士（DLD. J. Urquhart, 1909〜）が雑誌論文の供給センターとしての独自な仕組みを作っていたが，国立中央図書館と合体し貸出局となった。ここは1985年に英国図書館文献提供センター（BLDSC）となり，国内及び海外に雑誌文献の提供を行っている。こうした英国図書館の再編はフランスなど他国の国立中央館の再編に影響を与えている。

c．現在の課題

　コンピュータ技術の図書館への導入は図書館業務の機械化で始まり，米国議会図書館で図書館の機械化の調査が始まったのは1963年である。目録の機械化は，1966年の機械可読目録（MARC）の開始が最初である。1967年にオハイオ州で始まり，1971年に業務を開始したOCLCの活動はその後，全米に広がったが，分担収集と目録化のOCLCの活動は書誌ユーティリティと呼ばれ，書誌情報をネットワークを通して共同に利用するものである。RLIN, WLIN, UTLASなど1970年代後半から1980年代にかけて図書館の書誌情報のデータベース化が進んだ。1990年代になると，アメリカで高度情報通信網「インターネット」が始まり，世界規模で急速に進展していった。

インターネットによる情報ネットワーク社会の到来は，全文（フルテキスト）情報や事実（ファクト）情報も取り込み，電子ジャーナルが生まれるまでになり，電子図書館あるいはデジタル図書館が現実化されようとしている。図書館という，建物を超えての情報の共有が可能になってきた。文献主体であったこれまでの伝統的図書館と電子図書館を組み合わせたハイブリッド（混成）図書館が未来の図書館になっていく可能性が高い。他方，近代の図書館が機能分化に即して館種が現れたのではあったが，公共図書館も生涯学習社会のなかに組み込まれ，館種間の壁も低くなり，ネットワーク社会のなかで緊密な連携，統合する形での利用が，今後，期待されよう。

第7章　図書館職員と図書館専門団体

1. 図 書 館 職 員

(1) 図書館員の資質と資格付与制度

a. 図書館員の資質

　司書(「司書教諭」を含む)になろうとする者が養成教育の受講以前に要求されるものに,図書館員としての適性,つまり"資質"の問題がある。その資質として,一般社会人に共通する,明朗,誠実,健康,積極性,協調性,責任感,判断力,リーダーシップなどが挙げられる。図書館員に特に求められるのは,次のような点である。[1]

① 図書館の業務が好きであること
② 図書館学の知識を求め,自主的に研究する態度を有していること
③ 自らの個性を図書館業務に生かすべく努力する姿勢があること
④ 奉仕精神に富み,利用者およびその環境を十分に理解すること
⑤ 読書が好きで,知的好奇心に富み,広範な主題に興味が持てること
⑥ 芸術のすばらしさに感動でき,学問研究の意義・方法を理解していること
⑦ 常に図書館業務全体を見渡して仕事に当たるような広い視野が持てること
⑧ ことば・文字に対して鋭い感覚と豊かな知識を持つこと

　公共図書館員には,地域住民と図書館の信頼関係を築くことが望まれる。

---

1) 図書館用語辞典編集委員会:最新図書館用語大辞典 (前掲) p.381.

学校図書館司書教諭には，第1に，図書館利用者（児童・生徒，教師）の情報の検索，活用を援助し，次に教師として，児童・生徒に各種のメディアに関する知識，検索・活用のスキルと自ら学ぶ習慣をつけさせること，第2に教授法の開発をして学校教育に寄与することが求められるであろう。

　大学図書館や専門図書館の場合は，主題専門家（subject specialist）としての専門的な主題知識が求められる。

b．図書館の"専門的職員"

　図書館の職員は図書館を構成する大きな要素の一つである。図書館法(1950年)第4条は，"図書館の職員"のうち"専門的職員"を「司書及び司書補」と称し，公立図書館には，「地方公共団体が必要と認める専門的職員，事務職員及び技術職員を置く」（同第13条）とする。学校図書館法(1953年)は，「学校図書館の専門的職務を掌らせるため，司書教諭を置かなければならない。（中略）司書教諭は教諭をもって充てる」としている。現在，日本図書館界で法制上認められた専門的職(員)は，これらだけである。

c．"専門的職員"と司書の専門性

　"図書館職員"（library　staff）とは事務職員及び技術職員を含み，専門的職員に限定していない用語である。日本語では"図書館職員"と"図書館員"は同義語というほかない。"図書館員"を指す英語"librarian"は専門的職員としての図書館員を指すケースが多い。図書館用語のこの曖昧さは，わが国における図書館員の専門職制度の不備と連動している。

　「図書館員の専門性」は，下記の3点に整理されている。[1]
　① 利用者を知ること　② 資料を知ること　③ 利用者と資料を結びつける
　　こと

　これは，確かに図書館業務の"専門性"を極めて易しく表現したものであるが，"専門制"を導くキーワードにまでは特化していない。

---

[1] 日本図書館協会図書館員の問題調査委員会：図書館員の専門性とは何か（最終報告）『図書館雑誌』68（3）1974　p.104-111。薬袋秀樹：図書館運動は何を残したか（前掲）p.53.

d．専門職論と司書職

　図書館職員の中心を"専門的職員"とする表現の元には専門職（profession）という概念がある。専門職論議は多々あるが下記のように整理する。[1]

① 高度に体系化された専門知識・技術に基づき顧客に独占的なサービスを提供する。

② 養成，資格（認定），開業などに社会的経済的な保障を有する。

③ 職務上の自主性と職業団体の自律性が社会的に認められている。

　このうち，①は"専門職性"，②，③は"専門職制度"と分けられる。これは，R. H. Hall における〈1 専門職化の構造的指標〉，〈2 重要な準拠集団としての専門職団体の活用〉という区分けにも当てはまる。[2]

　ホールはその〈1〉に関して次のような内容を記している。①専任しうる職業の存在，②教育のためのスクールの存在，③専門職団体の形成，④職業的倫理綱領の作成，の4点である。また〈2〉に関しては，「専門職団体の活用」のほか，信念，使命感，自律性を挙げている。

　上記のような要件にあてはまるものとして，古くから牧師，医師，法律家などがあり，こうした職業は，業務独占，名称独占を実現している。わが国の図書館の専門的職員は，そのいずれをも実現していない。こうした面から，図書館の専門的職員（以下，司書）は専門職性確立途上にある職業（準専門職：semi-profession）であるとされている。

　科学技術，社会制度・法制などの進展のもとに専門職は増え，細分化し，異種統合される。今日において司書は，ドキュメンタリスト，アーキュビスト，キュレーター，インフォメーション・サーチャー（情報検索応用能力試験合格者），博物館学芸員などといくぶん交差し，顕著に棲み分けをしている。しかし，情報メディエータ，情報ファシリテータ，メディアエータ，というような職種・枠組みに統合される可能性もあるであろう。[3]

1）日本図書館協会図書館ハンドブック編集委員会編：図書館ハンドブック 第5版 p.287.
2）高山正也；図書館情報専門職『図書館情報学ハンドブック 第2版』丸善 1999 p.145.
3）岸田和明：図書館学を取り巻く情報技術と図書館教育『平成14年度 第88回全国図書館大会記録・群馬』2003 p.316-322（第12分科会：図書館学教育：質疑を含む）

e．わが国における図書館職員の専門性，専門制度の停滞

　図書館職員の専門職化は，英米において着実に進められてきた。しかし，わが国における図書館員の専門職化は遅々として進まない。その原因の大半は"専門職制度"の不在にある。しかし最近，このゆるやかな"専門制度"をさえ否定するかのごとき図書館業務の委託が進行している。専門職制度の維持，確立のために，無制限の委託を警戒すべきであろう。

　わが国図書館員と専門職制度の間には，下記のような問題点がある。

① ［法規］各種図書館員を横断した専門職資格を厳密に定めた法規，基準がない。図書館法上の司書・司書補，学校図書館法上の司書教諭だけである。

② ［図書館員養成］大学における図書館員養成の科目・単位に講習の科目，単位を適用せしめている。アメリカをはじめ多くの国では大学院卒を司書資格の条件としているが，わが国では短大での司書養成を許容し，短大卒資格のレベルとしている。

③ ［図書館協会］日本図書館協会が図書館協会として，資格認定，大学の司書課程の認定制度を持っていない。

④ ［雇用側の体制］地方公共団体などに，司書専門職制度の用意がごく少ない。

⑤ ［受験条件］国立国会図書館，国立大学法人（図書館）の受験に関し司書資格が要求されない。

⑥ ［図書館長］大学図書館長をはじめとして，図書館長の資格要件がないに等しい。

⑦ ［職能団体］"専門資格所持"を条件とする職能団体が成立していない。

　図書館職員が専門職として活動するためには，その資格の確立，養成機関の充実，資格認定制度の成立，雇用先，自治体等における関係専門職制度の整備を必要とする。図書館業務に就く場合，養成機関では司書希望者の資質が質され，図書館倫理を身に付けさせ，情報技術を授ける。図書館員として採用されると，倫理の遵守，利用者への適切な応対が求められる。図書館専門職（員）

としての地位の継続・維持を図るためには図書館職員職能団体に所属し，その団体などが実施する研修を時宜に応じて受け，最新の情報技術などを習得して実践，さらにそれらに関して口頭発表，論文発表をするに至ることが求められる。今後の図書館専門職(員)の養成，高度化に関しては，グレード制の導入も含めて改正する必要があるとする議論が交わされている。[1]

日本図書館情報学会は，会員を中心に，図書館情報学教育再構築へLIPERを組織し，2004年度，調査，アンケートを行っている。[2]

(2) 図書館員養成

a．図書館専門職資格付与制度

1) 英米の場合

アメリカにおいては，1887年，メルヴィル・デューイ (Melvil Dewey) がコロンビア大学に School of Library Economy (図書館学校) を設立した。20世紀に入ると，①ライブラリー・スクールは大学に附属した機関でなければならない，②入学許可の際，学部卒業生であること，③権威ある機関審査委員会が確立されなければならない，という考えが次第に広がり，図書館学校が増加した。1923年に公表された Charles C. Williamson: *Training for Library Service*. ("Williamson Report"：ウィリアムソン報告) は，図書館学教育を大学院レベルで行うべきものと主張した。これに従って1926年に創設されたシカゴ大学図書館学校は，大学院博士課程を有し，アメリカにおける図書館学研究のレベルは飛躍的に発展した。[3]

1924年からアメリカ図書館協会 (ALA) は図書館学教育委員会を設置し，図書館学校認証制度が発足した。[4] この制度は司書養成機関を審査して許認可

---

1) 日本図書館協会：全国図書館大会記録 平成15年度 (静岡大会) 2004　p.151-162 (司書養成の制度と仕組みの再構築)
2) http://wwwsoc.nii.ac.jp/jslis/liper/index.html
3) 図書館ハンドブック 第5版：(前掲)　p.299.
4) 渡辺信一；図書館員の資質と資格付与制度 (『図書館概論』樹村房　1998　p.116-119.)

を行うもので，開校5年ごとに厳しく再審査を行い，基準点に達しない場合，認証が取り消される。専門職としての図書館員は，ALAが認証するライブラリー・スクール(大学院)修了が基礎資格であり，ALAに認証されている図書館学校で資格を取得することによって専門職に就くことができる。

　イギリスにおいては，図書館員になるための教育の基盤は大学よりもイギリス図書館協会（LA）の責任の下にあった。1885年に全英レベルの検定試験が初めて実施された。1898年，LAは政府から司書資格付与の法的権限を与えられたが，その中に「図書館学の試験を実施し，かつその能力を証明する証書を発行すべきこと」という重要な条文が含まれていた。1909年，有資格図書館員の登録制を始めた頃から次第に資格認定試験に出願者が増加する傾向をみせたが，その後，正規の司書養成機関を充実する方向へと進み，現在ではアメリカと同様，司書養成機関を審査し適正なものを認証する方式に改めている。

2）日本の場合

　わが国では，1950年4月「図書館法」に「司書」，「司書補」という「専門的職員」が規定されている（同法第5条）。これら「専門的職員」の養成は「講習」に委ねられた（第5条第1号）。しかし同条第2号で「司書は大学を卒業した者で大学において図書館に関する科目を履修した者」とされ，この1号，2号は不整合であり，次のような問題を生じている。

　(1) 図書館法第5条に規定する「司書・司書補講習会」が全国の十数大学において大学教育外に開講される。同法施行規則第3条「司書講習規程」にその科目単位が示されている。

　(2) 全国の大学の大学教育内において司書養成教育が行われた。その科目・単位は図書館法施行規則講習単位（現在，司書で20単位）に準拠する処置がとられており，批判の的となっている。なお，司書資格は短期大学の修了者にも与えられる。

　学校図書館司書教諭の場合，1953年「学校図書館法」によって，「学校には，学校図書館の専門的職務を掌らせるため司書教諭をおかなければならな

い」とされた（同法第5条第1項）。しかし同法は附則において「当分の間第5条第1項の規定にかかわらず司書教諭を置かないことができる」と猶予処置を規定し，実質的に「置かない」状態をもたらした。その養成は「学校図書館司書教諭講習規程」に則る。だが講習単位数は8単位と少なく，しかも，1997年の改正に至るまで大部分（6単位）を図書館法第6条（図書館法施行規則）の司書の科目からの読み替えに依存していた（学校図書館司書教諭講習規程附則3）。

ⅰ）司書課程，学校図書館司書教諭課程

わが国における図書館員養成の形態で最も一般的なのが司書課程である。司書課程は，「図書館法」の下の，「図書館法施行規則」（文部（科学）省令）による司書講習科目の改正（1996年）の影響を受けた。「大学を卒業した者で大学において図書館に関する科目を履修したもの」に与えられる。この「大学」には短期大学が含まれる。こうした規定の都合上，「大学において図書館に関する科目を履修」させる場合にも，その科目・単位が司書講習のそれに準拠する状況におかれている。この科目名などは下記に記す。

学校図書館司書教諭養成課程は，本来的に大学教育内の講習会として開かれてきた。学校図書館法第5条3項が「司書教諭の講習は大学が文部省の委嘱を受けて行う」としていたからである。なお関係法令改正にもとづく科目，単位の変更については下記に示す。

ⅱ）司書・司書補講習会，学校図書館司書教諭講習会

司書の資格は「大学及び高等専門学校を卒業した者で，第6条の規定による司書の講習を終了したもの」などに与える（図書館法第5条）とされており，講習会は，図書館法第6条の規定に基づき，文部科学大臣の委嘱を受けた東北地方から九州地方まで十数の大学で夏期に開かれている。この講習の科目・単位が，大学における司書養成（司書課程）の履修単位などに悪影響を与えているとして，その廃止を求める声が強い。

この講習は1996年の「図書館法施行規則」の改正で，1997年度から必修科目18単位，選択科目2単位，計20単位以上という下記のようなカリキュラム

へと移行した。

　図書館法施行規則第4条「司書の講習において司書となる資格を得ようとする者は，次の表の甲群に掲げるすべての科目及び乙群に掲げる科目のうち2以上の科目についてそれぞれ単位数の欄に掲げる単位を修得しなければならない。」(数字は単位数)

甲群　生涯学習概論(1)　図書館概論(2)　図書館経営論(1)　図書館サービス論(2)　情報サービス概説(2)　レファレンスサービス演習(1)　情報検索演習(1)　図書館資料論(2)　専門資料論(1)　資料組織概説(2)　資料組織演習(2)　児童サービス論(1)

乙群　図書及び図書館史(1)　資料特論(1)　コミュニケーション論(1)　情報機器論(1)　図書館特論(1)

1997年の学校図書館法改正で「司書教諭講習は，大学その他の教育機関が，文部科学大臣の委嘱を受けて行う」(下線筆者)ことになった。2003年度から12学級以上の学校に司書教諭を必ず置くこととなったため，その養成を急ぎ，講習機関を拡大したのである。「その他の養成機関」には，地方公共団体の教育委員会(関係機関)がある。その科目および単位は下記のとおりである。

　学校図書館司書教諭講習規程第3条「司書教諭の資格を得ようとする者は，講習会において次の上欄に掲げる科目についてそれぞれ下欄に掲げる数の単位を修得しなければならない。[単位数は「下欄」でなく科目名右に記載した。]

学校経営と学校図書館(2)　学校図書館メディアの構成(2)　学習指導と学校図書館(2)　読書と豊かな人間性(2)　情報メディアの活用(2)　計5科目，10単位。全科目必須で，選択科目はない。

ⅲ) 専 門 教 育

上記のように「講習」を基調にした日本の図書館教育は，科目・単位が少なく専門職教育として十分でなかった。この改善を図って専門教育コースが設けられ，今日では社会人入学も実現し，図書館員，図書館学教員の再教育の場ともなっている。

司書資格科目を含む図書館情報学の専門教育を展開しているのは下記の大学(院)である。

筑波大学（旧図書館情報大学：図書館情報専門学群），慶應義塾大学（図書館・情報学専攻）および愛知淑徳大学（図書館情報学科）の3大学である。図書館情報学に関する博士課程までの大学院を有する大学も前記3大学であるが，慶應義塾大学，愛知淑徳大学では文学研究科に属する一専攻の大学院課程である。この他，東京大学大学院教育学研究科，東京学芸大学大学院教育学研究科，京都大学大学院教育学研究科，大阪市立大学大学院創造都市研究科，中央大学大学院文学研究科，同志社大学大学院社会学研究科などで図書館情報学に関する研究指導をしている。また，大阪教育大学は夜間大学院で修士課程の教育を実施している。

しかし，図書館はこうした高度の教育を受けた者の，安定した受け入れ先となっていない状況にある。専門教育が専門職制度に未だつながり得ていないのである。わが国の図書館の専門職制度が，外国（アジアの諸国を含む）と比較して大きく遅れているからである。[1]

（3） 有資格者の採用の諸相

a．公立図書館員の採用

"司書"という職員制度が一部の地方公共団体に存在し，司書の採用に関して図書館専門に採用試験が行われている。また図書館専門に採用試験を行うが一般行政職の肩書き"主事"として採用されることがある。いずれも，受験には司書（補）の資格が求められる。公立図書館界における専門職的な本採用(試験)は，残念ながら衰退傾向にあるとみなければならない。図書館法第13条にあった公立図書館長の司書資格も補助金制度の廃止で必要条件ではなくなった。

---

1) 高山正也；図書館情報専門職（前掲）p.144-148.

b．学校図書館職員の採用

　司書教諭の制度は，1953年に制定された「学校図書館法」第5条に必置が明記されていながら，附則により司書教諭の発令は限られたものであった。1997年6月3日の衆議院本会議で一部改正が可決され，2003年度から12学級以上の小中高等学校等には必ず司書教諭を配属しなければならないこととなった。

c．大学図書館職員の採用

　国立大学専門職員採用に関しては，1963年から1971年まで，上級（甲，乙），中級の人事院試験，1972年以降は，国家公務員採用試験「図書館学」として上級乙と中級の試験，1984年からは二種試験（中級）となった。また2004年度からは独立法人化に基づいて，「国立大学法人等職員採用試験」に依拠するものとなった。公立大学の図書館の場合は，公立図書館員と同様である。私立大学の図書館員は，大学により異なるが，一般職員としての採用が目立つ。

（4）　図書館員の倫理綱領

　わが国の「図書館員の倫理綱領」は，1980年6月に日本図書館協会総会で制定・決議されたが，「同」解説（p.4）によると，その前年に改定された「図書館の自由に関する宣言」と表裏一体をなす。「宣言」が機関としての図書館の社会的責任を明らかにしたのに対し，「綱領」は，その責任を日常業務の中で果たしていく役割を担う個々の図書館員の，職務遂行上守るべき事項をまとめ，自律的規範として社会に発表し，誓約したもの，となっている。

（5）　研修会，研究会，職場内研修（インサービス・トレーニング）

　「図書館員の倫理綱領」には，「図書館員は個人的，集団的に，不断の研修につとめる」とある。すなわち，図書館は，① 社会情勢の移り変わりに応じて，また学問の進歩発展に応じて，変化し多様化する利用者の潜在要求をも察知し，② 時々刻々に増え続ける多種多様な資料を知り，③ それらの資料と利用者の要求とを結びつけなければならない。不断の研修は，職場内でも行う必

要がある。これを職場内研修（インサービス・トレーニング）という。

2. 図書館関係団体

図書館専門団体（library associations）とは，図書館または図書館員，あるいはそれら及びそれ以外の組成者を含む組織体である。図書館団体は所属図書館の経営，活動基準，研修などを支える基盤となる。その多くは会員の選挙による理事の下に機関誌を発行し，年次の研究大会を開催する。図書館団体は，それぞれに設置目的，結成の趣旨，構成員の層，カバーする分野・地域などの違いにより，各種に分けられる。

（1） 国際的図書館団体

a．国際図書館連盟

国際図書館連盟（IFLA）は，1927年に設立された世界の図書館協会の集団で International Federation of Library Associations と称した。1976年 International Federation of Library Associations and Institutions と改称し（下線，筆者）図書館協会以外に，たとえば，国立図書館（議会図書館を含む）などが参加することとなった。

その主要事業は，次の五つである。

① UBCIM：Universal Bibliographic Control and International MARC（国際書誌調整・国際マーク）の策定・管理

② UAP：Universal Availability of Publications（出版物の国際的入手・利用）

③ PAC：Preservation and Conservation（資料の保存と保護）

④ UDT：Universal Dataflow Telecommunication（国際データの電気通信による流通）

⑤ ALP：Advancement of Librarianship in the Third World（第三世界の図書館振興）

b．その他の関連国際団体

　図書館と関係の深い情報関係の団体として International Federation for Documentation（FID：国際ドキュメーテーション連盟）がある。各国1機関を会員とし，文献情報サービス領域専門の団体である。学校図書館の領域では，International Association of School Librarianship（IASL：国際学校図書館協会）がある。これは学校図書館員の任意加入制の国際組織である。International Board on Books for Young People（IBBY：国際児童図書評議会）は各国児童図書評議会を母体とする国際専門団体である。

c．地域別団体

　国際団体として，その地域（region）の共通性で区分し，組織された地域別制団体がある。Standing Conference of Eastern, Central and Southern African Librarians（SCECSAL：東部・中部・南部アフリカ図書館員常任会議），Association of Caribbean University and Research Libraries（ACURIL：カリブ海諸国大学・研究所図書館協会），Conference of South－East Asian Librarians（CONSAL：東南アジア図書館員会議）などである。

（2）図書館協会

　図書館協会とは，あらゆる種類の図書館および図書館員を集合した団体で，図書館団体の代表である。図書館協会の典型は，国内の図書館，図書館員を中心的に結集した図書館協会，たとえば，日本図書館協会（Japan Library Association：JLA）である。この図書館協会には，下部組織として地域別あるいは館種別の多様な図書館団体（各種図書館協会）が存在する。また上部組織として，世界規模では International federation of Library Association（IFLA：国際図書館連盟）がある。なお，Chartered Institute of Library and Information Profession（CILIP：図書館情報専門家協会：2004，元は Library Association），American Library Association（ALA：アメリカ図書館協会）など連邦，州を糾合しての図書館協会もある。

　［一国の］図書館協会は次のような活動をする。

① 図書館界を代表して請願を行い，関係事項に関する省庁の関係会議に代表を送る。
② 図書館振興のための法規整備を働きかけ，資料整理標準などを策定する。
③ 図書館員養成のための教育機構・機関を設置，認定し，図書館学学位の追認をも行う。専門職としての資格基準を安定させるため試験制度を設け，資格試験を実施する。
④ 図書館政策や技術などの問題について調査・研究をする。
⑤ 全国図書館大会ほか，大会，研究会，研修会などを主催または後援をする。
⑥ 図書館相互間の協力を実現する。
⑦ 図書館施設・設備，図書館資料整理の基準，図書館サービスの基準を作成。
⑧ 会誌・会報の発行，図書館関連専門資料の編集・出版。
⑨ 図書館員の職務基準を策定し職員教育をし，社会的地位，労働条件の向上を図る。

以上のうち，③図書館員の資格認定については関与しない型がある。日本を含め，図書館職員の地位が専門職（profession）として確立されていない国にみられる状況である。

図書館協会の会員には，個人会員制と団体会員制の団体の別があるが，任意加入の個人を主たる構成員としている。JLA, ALA がそれである。その内部は，資格の有無に関係なく加入を認めるタイプと，専門職司書（professional librarians）など一定の有資格者に限定して加入を認めるタイプがある。デンマーク図書館協会（Danmarks Biblioteksforening：DB）は専門職と非専門職を別部会としている。資格加入制には LA（イギリス図書館協会）などがある。

世界の主要国の図書館協会を設立年次順に記しておこう。

  1876年 ALA はフィラデルフィアで大会を開催，メルビル・デューイ（Melvil Dewey）らを中心に結成された。本部はシカゴ市にあ

	る。
1877年	LAは10月,英連邦9か国から140名の代表を含む216名の図書館員による国際大会を開催,これを契機として結成された。
1892年	日本の図書館協会は「日本文庫協会」として世界で3番目に設立された。
1890年代	スイス,オーストリア
1900年代	ドイツ,デンマーク,フランス,ベルギー,スコットランド
1910年代	ニュージーランド,フィンランド,ノルウェー,スウェーデン,ポーランド
1920年代	フィリピン,アイルランド
1930年代	イタリア,南ア連邦,ハンガリー,インド,オーストラリア
1950年代	アジアで9か国,東アフリカ諸国(ケニア,タンザニア,ウガンダ)
1960年代	アフリカの16か国
1980年代	コンゴ,ガボン,キューバ

上記のうち,日本の図書館協会についてみていくことにする。

(3) 日本の図書館団体

a．日本図書館協会

日本の図書館協会は「日本文庫協会」として1892(明治25)年3月に準備会,会則を決定し,発足した。1908年に「日本図書館協会」と改称した。文部省の外郭団体,財団法人であった。第二次世界大戦後,社団法人となった。

組織としては,会長のもとに,理事(理事長,常務理事,理事)が,事務局を管理して経営活動を行う。会員は公共,大学,学校,専門,短大・高専の各館種別と図書館学教育の6部会で構成され,問題別の約30の委員会によって維持されている。このほかに各都道府県図書館協会(協議会)などが加盟団体として地方組織活動を行っている。2006年度現在,個人会員は約5,084人,施設会員約2,585施設,賛助会員63件(183口),購読会員33人である。

日本図書館協会の事業はその定款によれば，次のとおりである。
① 全国的な図書館に関する情報の収集・提供と図書館協力の推進
② 図書館職員の専門性向上と図書館機能の充実
③ 関係機関・団体・企業等との協力・提携
④ 国際交流の拡大

この図書館協会が発行している逐次刊行物としては，『図書館雑誌』(月刊)，『現代の図書館』(季刊)，WEBによる『JLAメールマガジン』(http://www.jla.or.jp/) などがある。年刊で『日本の図書館』，『図書館年鑑』の統計，記録を出している。また『日本十進分類法』(NDC)，『日本目録規則』(NCR)，『基本件名標目表』(BSH)を青年図書館員連盟から引継いで編輯刊行する。またJAPAN MARCのCD-ROM版J-BISCを頒布している。

毎年秋2～3日間にわたって全国図書館大会を開催する。開催する都道府県を年ごとに変え，10を超える部会，分散会を設けて討議を行い，会員間の情報交換，交流を図っている。

b. 各種図書館協議会

① 館種別：大学図書館，学校図書館，専門図書館などの館種別に組織されるが，さらにその設置者の種類別，地域別に組織されることがある。たとえば，大学図書館の場合は，国立大学図書館協会，公立大学図書館協議会，私立大学図書館協会に分かれ，私立大学図書館協会は，東地区，西地区の集まりがある。なお，学校図書館に関しては全国学校図書館協議会があり，専門図書館に関しては専門図書館協議会がある。

② 主題別：日本医学図書館協会，(社)情報科学技術協会，日本農業図書館協議会，日本薬学図書館協議会，音楽図書館協議会，経済資料協議会などがある。

日本の協会，協議会の概要とその機関誌(刊行頻度)を7-1表にまとめた。

7－1表　協会・協議会の創立年と機関誌

協会・協議会	創立年	機関誌（刊行頻度）
日本図書館協会（JLA）	1892	図書館雑誌（月刊）　現代の図書館（季刊）
国立大学図書館協会	1954	国立大学図書館協議会ニュース資料（不定期）
私立大学図書館協会	1938	私立大学図書館協会会報（年2）
日本医学図書館協会	1927	医学図書館（季刊）
日本看護図書館協会	1991	日本看護図書館協会会報（季刊） 看護と情報（年刊）
日本病院患者図書館協会	1974	病院患者図書館（年3）
情報科学技術協会	1950	情報の科学と技術（月刊）
国際音楽資料情報協会日本支部	1979	Fontes Artis Musicae（季刊）
全国視覚障害者情報提供施設協会	1981	NAIIV（ないーぶ）通信（季刊）
国際児童文庫協会(ICBA)	1979	ニュースレター（不定期）
国公私立大学図書館協力委員会	1979	大学図書館研究（年3）
公立大学協会図書館協議会	1956	公立大学協会図書館協議会会報（年刊）
私立短期大学図書館協議会	1977	短期大学図書館研究（年刊） 私立短期大学図書館協議会会報（年2）
高等専門学校図書館協議会	1987	
全国学校図書館協議会	1950	学校図書館（月刊）　学校図書館速報版（月2）
日本学校図書館教育協議会	1982	学図教ニュース（月刊）　学図教ブックレット
専門図書館協議会	1952	専門図書館（隔月）
日本農学図書館協議会	1966	日本農学図書館協議会誌（季刊）
日本薬学図書館協議会	1955	薬学図書館（季刊）
経済資料協議会	1951	経済資料研究（年刊）
企業史料協議会	1981	企業史料協議会ニューズレター（隔月）
ビジネス支援図書館推進協議会	2000	
全国歴史資料保存利用機関連格協議会	1976	記録と史料（年刊）　会報（季刊）
EYEマーク・音声訳推進協議会事務局	1992	EYEマーク通信（季刊）
日本国際児童図書評議会	1974	JBBY（年刊）

(4) 学会, 研究会 (図書館関係団体)

この関係の団体には, 学会・研究会の他に連絡会, 懇談(話)会, フォーラムなどの名称をもつ団体がある。学術的研究(学会)があり, 実務を基盤とした運動団体がある。また, 名称は研究会であっても学術中心のケースと, 学術・運動を兼ねるケースもある。学会・研究会には機関誌を発行する例が多い (7 - 2表)。

これらのうち包括的な意味で図書館員の専門職集団に最も近いのは図書館協会であろう。しかしわが国には, 厳密な意味の司書の専門職団体は形成されていないといわれる。例えば日本図書館協会は, 財政を施設会員に依存し, 個人会員には負っていない。この点は専門職集団としては失格と久保輝巳は言う。[1] 専門職集団には, 団体形成の個人の貢献が基盤になければならないからである。[2] さらに JLA は, 加入条件がゆるく, 専門職, 非専門職の区分がない。個人会員は雑誌の定期購読と, 出版図書の割引購入以上には特典を有さない。

また, 図書館運動体と, それをめぐる問題がある。佐野眞一はこれを観察して「実態は運動家による一種のギルドで, 三つのギルドの構成メンバーは重なっています。」との一図書館員の投書を紹介している。[3] なお図書館運動参加者間の相互批判については, 薬袋秀樹のまとめが簡潔である。[4]

図書館関係の学会, 研究会のなかには学術団体と認められているものがある。たとえば日本図書館情報学会, 日本図書館研究会などである。これらの学会, 研究会が出す機関誌は, "レフリーのある学会誌" として, それらへの投稿実績は学位申請上, 基礎条件となる。

以上のような, 再学修, 団体への参加などをテコに司書のステップ・アップが進むものと考えられる。

---

1) 図書館ハンドブック編集委員会:図書館情報学ハンドブック[初版](前掲) p.877 〈専門性/久保輝巳〉。
2) 高山正也;図書館情報専門職(前掲) p.147。
3) 佐野眞一:だれが「本」を殺すのか プレジデント社 2002 p.317。
4) 薬袋秀樹:図書館運動は何を残したか(前掲) p.25。

7-2表　学会・研究会の創立年と機関誌

学会・研究会	創立年	機関誌（刊行頻度）
日本図書館情報学会	1953	日本図書館情報学会誌（季刊） 日本図書館情報学会会報（季刊）
三田図書館・情報学会	1963	Library and Information Science（年2）
白山情報図書館学会	1987	白山情報図書館学会誌（不定期）
神奈川県図書館学会	1955	神奈川県図書館学会誌（年2）
中部図書館学会	1959	中部図書館学会誌（年刊）
西日本図書館学会	1953	図書館学（年2）
香川県図書館学会	1985	香川県図書館学会会報（年2）
日仏図書館情報学会	1970	日仏図書館情報研究（年刊）
日本学校図書館学会	1997	学校図書館学研究（年刊）
情報処理学会	1960	情報処理（月刊）　情報処理学会論文誌（月刊）
情報メディア学会	2000	情報メディア学会ニューズレター（年2） 情報メディア研究（不定期）
記録管理学会	1989	レコード・マネジメント（年2） RMSJ ニューズ・レター（季刊）
日本図書館研究会	1946	図書館界（隔月）
図書館資料組織化研究会	1964	資料組織化研究（年2）
図書館資料・サービス研究会（CS研究会）	1983	図書館資料・サービス研究会会報（不定期）
日本図書館文化史研究会	1982	図書館文化史研究（年刊）ニューズレター（季刊）
アート・ドキュメンテーション研究会	1989	アート・ドキュメンテーション通信（季刊） アート・ドキュメンテーション研究（年刊）
生物医学図書館員研究会	1982	Forum：生物医学図書館員研究会ニュースレター（不定期）
日本端末研究会	1979	オンライン検索（年4）
図書館問題研究会	1955	図書館評論（年刊）　みんなの図書館（月刊）
大学図書館問題研究会	1970	大学の図書館（月刊）
学校図書館問題研究会	1985	がくと（年刊）　学図研ニュース（月刊）
病院図書室研究会*	1976	ほすぴたるらいぶらりあん（季刊）
児童図書館研究会	1953	こどもの図書館（月刊）
日本子どもの本研究会	1967	子どもの本棚（月刊）
科学読物研究会	1968	子どもと科学よみもの（年10）

図書館職員の専門集団を形成し，維持するには基盤が必要である。その基盤とは，専門社会によって評価，承認された高度の養成制度（修士課程以上の学歴的保障）が存在し，養成を受けた者に対して専門資格を付与する制度の存在である。専門職員は，最低限こうした養成機関において資格を授与されたものに限られる。専門的職務は，それぞれの専門職業名称を有する資格者によって独占される。無資格者が専門的職務に従事することは禁じられる。医者や近来の法律家同様の条件である。アメリカなどに見る図書館員の専門制は，こうした基盤を確立しない限り，わが国では容易には成立しないであろう。[1]

1）志保田務：ライブラリアンの輝き『図書館界』56(6)　2005　p.321（予稿）．

第8章　図書館学，図書館情報学

　図書館は，古今東西の人間の知的活動の成果である記録物を収集，整理，保存して利用者の求めに応じて提供する社会的な制度であり社会的機関である。図書館に蓄積された資料・情報の利用により新たな知識が再生産される。時間と距離の制約を超えたこの知識再生産のサイクルが繰り返されることで社会の進展，文明の進化が促される。

1. 図書館学とは

（1）　図書館学の特性

　図書館学は，上記のような図書館の本質の理解に基づき，図書館にかかわるさまざまな事柄について，学理的な立場から研究・開発する領域である。人類の知的生産物としての図書・記録を収集し，利用に供するためには，古来よりそれらを整理し管理する人間がおり，それぞれの図書館ごとにせよ，整理，管理，提供のために必要となる規則・技法・知識が存在し，それは世代を超えて伝承されてきたということができる。

　多くの学問がそうであるように，図書館学も19世紀になってから誕生した。最初に図書館学という言葉を用いたのは，ドイツのミュンヘン宮廷図書館司書マルティン・シュレティンガー（M. Schrettiger, 1772-1851）である。彼は1808年に著書『図書館学全教程試論』（*Versuch eines vollstädigen Lehrbuchs der Bibliothek - Wissenschaft*）で，「図書館の合目的的な整備に必要なあらゆる命題の総体」つまり，利用者の文献要求を充たすという図書館の目的を達成するために，求められた図書をすばやく発見できることに有効な，図書の整理法を中心とする図書館の整備に関する知識と技術の体系を「図書館学」と定義した。

同時期にフランスやイギリスにおいてもライブラリー・エコノミーという言葉で，図書館を効率的・合理的に運営することや，利用者の求めに応じて，すばやく本を提供するための知識・技術を体系化する努力がみられた。「十進分類法」の開発者であるアメリカ人のメルヴィル・デューイ（Melvil Dewey）が，1887年にコロンビア大学において開設した世界最初の図書館員養成を目的とする学校の名称は School of Library Economy である。初期には，アメリカの図書館学校では Library Service や Library Studies という言葉も用いられたが，1930年代以降は Library Science という名称が一般化した。イギリスでは Science という言葉を避け Librarianship が同義に用いられる傾向がある。

このように，図書館学は生い立ちから，現実の問題から発し，その成果を実際に活かす応用科学であり，図書館という現場をもつ実践の科学であるという特徴をもっている。言い換えれば「図書館学」は実学である。

ここで，高山正也の実学についての理解を参照すれば以下である。

「実学という概念は，わが国では福沢諭吉の思想として始まった。福沢のいう実学とは，(1) 実証的で分析力のある科学，(2) 広い視野の下で現実を洞察する能力を必要とする科学，(3) 的確な判断力と想像力を養成しうる科学であることを要件とする。」

ここから高山は，「実学とは実証的な科学，対象としている事物の理を究める学問であって，決して実用に役に立てばよい学問，いわゆるハウツー技術の習得だけで事足りる研究・教育分野ではない」としている。[1]

図書館学の第2の特徴は，利用者の要望を科学的に捉える調査には「社会調査法」を，合理的な結果の分析には「統計学」をというように，歴史学，社会学，法学，心理学，統計学，数学など，さまざまな他分野の方法論を取り入れることで成り立っている学際的な分野である。

第3に，図書館学は，図書館という社会的機関にかかわるさまざまな事柄について考究する分野であるから，その法律・制度，歴史，実態，社会との関係

---

1) 高山正也：我が国における図書館・情報学の研究・教育に関する若干の問題提起（論集・図書館学研究の歩み 第1集）日外アソシエーツ 1982 p.73.

などと深くかかわっている。そのため，本質には変わりはないとしても，国により時代により，図書館学は異なる内容をもって変遷してきている。

このように図書館学は，図書館の社会的な意義に立脚する，体系化された実践的な知識と技術の総体であり，幅広い関連領域をもつ学問分野である。

(2) 図書館学の定義

図書館学の定義は種々提起されてきた。中でわが国において最も参照されたものは，アメリカ図書館協会（ALA）の『図書館用語辞典』（*ALA glossary of library terms*）である。

1943年版では「印刷または書写された諸記録を識別し，収集し，組織し，そして利用に供しうる知識と技能」（82頁）と定義している。

書名を『図書館情報学辞典』（*The ALA glossary of library and information science*）とした改訂版（1983年）では，図書館学は，「利用者集団の情報に関する要求と必要に沿うように，記録された情報を選択し，受け入れ，組織化し，利用させる知識と技能」[1]と改められている。40年を経て，「印刷または書写された諸記録」がより広範囲な概念である「記録された情報」と改訂されているが，「知識と技能」（Knowledge and skill）は変わらない。

知識と技能の総体であり，図書館という社会的制度・機関の名称に「学」を付け加えた図書館学が学問であるかを巡っても種々の議論がある。本書が「図書館概論」であることから，図書館学が「学」であるか否かを論ずることは適切ではなかろう。ただ，「学」としての成立を指向しない学問はあり得ず，現状が「学」といえる状態にあるかを問うことは大切ではあるが，図書館学そのものが「学」であるか否かを論ずることは意味がないと記すにとどめたい。

また，図書館学を一つの定義の下に規定することも大きな意味はない。図書館はランガナータンの言うように「成長する有機体」であるから，図書館にかかわる諸事象について考究する図書館学を一意に定義することは，教育の内

---

1) 丸山昭二郎他監訳：ALA図書館情報学辞典　丸善　1988　p.168.

容，研究の範囲を限定することにつながるからである。図書館学はこれまでも，さまざまな学問分野を背景とする研究者がこの領域に参加し，それぞれの視点，問題意識，研究方法から取り組んできた歴史を有し，現在も他領域と輻輳したいわゆる学際的・複合領域といえる方向への深化・発展がみられている。

（3） 図書館情報学への拡張

20世紀に入ると，ベルギーのオトレらが提起したドキュメンテーション活動が一つの領域を形成する。ドキュメンテーション活動は，産業革命以来の自然科学や科学技術分野での学術研究の増加とその国際化を背景に，図書館という機関にとらわれずに，人間活動のあらゆる領域，あらゆる種類，あらゆる文献（document）の書誌を，収集，分類，配付するプロセスを，国際的に統一したシステムとして作り上げようとした。図書という物理的存在ではなく，文献の書誌情報を流通の対象とした点に発想の新しさがある。二度の世界大戦を経て，特に科学・技術の分野における文献情報の検索・提供の有用性が広く認識されるようになり，多くの分野の研究者がドキュメンテーション活動に参加し，機械可読形式の文献情報の索引と検索技術を中心に研究された。

ドキュメンテーション活動は徐々に図書館学との関連も強くなっていったが「アメリカ・ドキュメンテーション協会」が1967年に「アメリカ情報学会」と改称したように，研究範囲の拡大と活動の多様化は，1960年代以降の「情報学」という概念，新しい学問分野の形成にも寄与している。

図書館情報学（Library and Information Science）という名称および学問分野は，1950年代から1960年代にかけての，コンピュータを用いた新しい情報媒体とその処理方法ならびに通信手段の開発に伴う図書館現象の変化，その研究的とらえ方の変化の中からアメリカにおいて形成されてきた。この用語の普及はライブラリースクールの名称変更にあらわれている。1960年には当時32校あったALAの認定校がすべて図書館学大学院（Graduate school of Library Science）という名称であったが，1970年代から次第に図書館情報学大学院と

改称し，1980年代の初めに約50％，1980年代半ばには約70％，1998年には91％（56校のうち51校）が「図書館情報学」という名称を冠した。

わが国では1969年に通商産業省と経済企画庁の審議会，委員会から相次いで「情報化社会」という言葉を標題に用いた答申が公表されて，情報化社会に向けた政策提言がなされ，1970年は「情報元年」と呼ばれた。このような社会の動きに連動して，1951年開設のジャパン・ライブラリースクールを起源とする慶應義塾大学の文学部図書館学科が1967年に情報学に重点を置いた大学院修士課程「図書館・情報学専攻」を開設し，翌1968年に学科の名称も図書館・情報学科と変更した。

1921年開設の文部省図書館員教習所を継承する図書館短期大学は1964年に図書館学科のみで発足したが，1973年にドキュメンテーションの色彩の濃い文献情報学科を増設し，1979年に図書館情報大学へと発展した。

こうした名称変更の背景には，第1に，図書館及びそれを取り巻くさまざまな分野にコンピュータが利用され，情報検索，データベースの構築，図書館業務のコンピュータ化などに対応できる図書館員の養成が課題となったことが挙げられる。それに必要な知識と技術を取り込んだカリキュラムを編成するには，計算機科学（Computer Science）の教員を加える必要があり，図書館学という枠に納まりきれなくなった。

第2に，図書館学が人間の知的活動の成果である情報・知識を扱うという点で共通する情報学の，問題意識，研究・開発の方法，そしてその研究者をも取り込む形で広く情報一般をも対象とする領域へと拡張した，あるいは拡張を指向したことが挙げられよう。

第3に，図書館学に加えて情報学的な知識を身に付けた卒業生・修了生が図書館界だけではなく，情報化社会への対応に追われる各種の分野において求められ，その養成が大学の経営戦略上も意図されたこと，などである。

アメリカでは，従来の図書館学にこだわり転換に遅れた伝統的な図書館学大学院のいくつか（たとえばシカゴ大学）が閉鎖を余儀なくされた。

2. 図書館情報学とは

「図書館情報学」はその英語表記が端的に示すように,「図書館学」(Library Science) と「情報学」(Information Science) との統合または融合により成立した領域である。

Information Science は一般に「情報学」と訳すが,「情報科学」とすることもある。しかし, わが国では1960年代から情報科学という言葉を, 計算機科学を中心に通信工学や情報工学を含めた領域で展開される, コンピュータなど情報機械のハードウェアとソフトウェアの理論と実際に関する学問という定義で用いてきた。そのため, 学際的な情報学と工学的な要素の強い情報科学とを用語上使い分ける必要がある。

1990年刊行の『岩波情報科学辞典』においても, 情報科学とは別に情報学の項が設けられ「情報の発生, 収集, 組織化, 蓄積, 検索, 理解, 伝達, 活用などにかかわる本質・性質を究明し, 明らかにされた事項の社会的適応可能性を追究する学問」[1] とされている。この定義は欧米のそれとほぼ同様である。

2000年に発足した国立情報学研究所は, 情報学を「情報に関する広範な研究領域に総合的にかかわる学問であり, 計算機科学や情報工学だけでなく, 生命科学や人文・社会科学のさまざまな分野をも包含する。(中略) 社会経済活動のあらゆる側面を支える学問的基盤となる」と, 情報科学との区別を明示している。[2] また, 情報学の英語表記には旧ソ連のミハイロフ (A.I.Michailov) がその理論的基盤を築いたとされる Infomatics という語を用いている。

このように, 情報学を広く情報の生成から受容までの全過程を扱う領域ととらえれば, 図書館情報学は, 図書館および同質の施設・機関という現場に立脚するという意味で,「経営情報学」や「化学情報学」などと並んで, 情報学を構成する一要素であるといえる。しかし, 図書館情報学と情報学とは重複する

---

1) 長尾真他編:岩波情報科学辞典 岩波書店 1990 p.336.
2) 国立情報学研究所要覧 平成12年度版 p.1.

部分が大きいという実質から融合であり，図書館情報学は情報学の主要な構成要素であるといえよう。

また，図書館情報学は，図書館等において扱われるあらゆる分野にわたる情報の中身すなわちコンテンツそのものの理解を重視する点で，多くの「情報学」を冠する領域（たとえば経営情報学）及びその基礎にある伝統的な学問領域（たとえば経営学・経済学）と相互に密接な関係をもち，とくに前者との境界は明確ではない。図書館情報学はさまざまな分野の考え方，研究方法，成果を取り入れて発展し，さまざまな分野にその成果を還元できる学際的・複合的な学問分野であるといえる。

3. 近年の方向

1990年代に入ってからの世界的なインターネットの発展は，コンピュータの小型高速化，記憶媒体の大容量化，通信網の国際化・高速・大容量化，通信ネットワーク技術の進歩に支えられている。同時に，文字情報はもちろん，音声，図形，画像，映像などを含むマルチメディア情報のすべての処理，蓄積，流通をデジタル技術で統合的に扱えるようになった。その結果，個人，大学，官公庁，企業・団体などからマルチメディアの形態をとる情報がインターネット上に発信され，膨大な量の電子的な情報資源の蓄積が形成されている。そして，利用者はわざわざ図書館に出向かなくても職場や家庭からそれらにアクセスし入手することができる。

図書館情報学という概念が形成されてきてからでも，既に40年以上が経過した。その間にコンピュータとコミュニケーション技術の進歩に支えられて，社会の情報化は著しい速さで進行し，図書館学，図書館情報学が扱う図書館と情報をめぐる環境は大きく変化した。とりわけ，上記のように，個人が不特定多数を相手に自己の知的活動の成果を直接発信できること，逆に不特定多数から発信された情報を自らの手で直接検索・入手できるようになったことは，図書館という知識再生産のための社会的機関の存立の意義にかかわる大きな変化

である。

　図書館情報学は，図書館が社会にとってより意味のある存在になることを目的に，人間の知的活動に伴う情報の発生，その流通，活用のプロセスにかかわる事について総合的に考究してきたのであるが，人間の知識再生産活動が図書館を離れた場所でも活発に行われようになってきたことは，このような新しい知識再生産プロセスの効率化・円滑化をも，新たな研究課題・範囲としてとらえることを促しているといえる。

　2000年に，図書館情報大学は新しい大学院開設の際に，図書館情報学が図書館という現場を離れた領域まで拡張すべきとの認識から，従来からの図書館，電子図書館そしてインターネットなどを，知識再生産サイクルの基盤（インフラ）と位置づけ，これらを介して行われる知識流通の効率化・円滑化にかかわるさまざまなアプローチからの研究・開発を総称して情報メディア研究と呼ぶこととし，大学院情報メディア研究科を設置した。情報メディア研究は図書館情報学を内包し，図書館情報学は図書館学を内包するととらえている。

　アメリカでは，1990年代半ば以降，電子的な情報資源の拡大への対応，図書館という枠を超えた情報環境や情報の問題を扱うこと，情報というより知識を扱う専門家の養成などを目的に，図書館情報学大学院を改組して，名称から図書館という文字をはずす傾向がみられる。

　2006年のALAの資格認定大学院一覧[1]によれば，56大学中23大学において School of Information（ミシガン大学など）や Information Science（ピッツバーグ大学）などのように図書館を冠していない。当然のことながら，そのいずれにおいても，図書館員養成のためのカリキュラム要件は充たしており，図書館を研究対象から排除しているわけでもない。しかし，ミシガン大学のように改組の際に，公共政策，電子工学，計算機科学，経営学，言語学，心理学，経済学などの教員を加え，研究教育の基本に「より効果的に，人々，情報，技術の三者を結びつけること」を標榜して，新しい情報環境における利用

1）http://www.ala.org/ala/accreditationb/LISDIR2004.pdf/lisdirb/Alphaaccred.htm

者を中心にすえた情報学・情報メディア研究の形成を志向している。この変革は他の名称変更を行っていない大学においても進行中であると報告されている。[1]

このように，図書館の管理と運営の実務から出発した図書館学は，図書館と取り巻く環境の変化に対応して，人間の知識再生産のサイクルをより効率化する課題を総合的にとらえる学問へと変化・発展してきた。しかし，すべての研究と教育の内容が新しい方向へと移行しているのではなく，従来からの図書館学，図書館情報学もそれぞれに，まだまだ多くの解明されなければならない課題を有しているし，伝統的な取り組み方がまた有用であることはいうまでもない。

4．図書館学を学ぶ目的

大学教育の目的は，専門教育において高度な専門知識を身に付けさせるとともに，教養教育においていわゆる知識人の知的共有基盤を形成するために，幅広い領域にわたる知識の獲得や知能の開発を目指すものである。各大学の学部，学科，課程で展開されている専門教育課程としての図書館学教育は単なる図書館員養成教育ではない。ましてや司書資格を得るに求められる科目群・単位での内容の総体が図書館学の総体ではないことは，本節までに展開してきたとおりである。

図書館学を学ぶ人は，まず「図書館とはなにか」を自分なりにとらえることが出発である。そのためには，図書館の実際を見ること，知ることが有効である。できるだけ多くの図書館を訪れ，なにがどのように行われているかを知り，図書館により異なる点があればその理由はなにかを考えてみる。利用者としてさまざまなシチュエーションに自分を置いてみることで，複眼的にかつ客

---

1) 「ケロッグ財団と図書館情報学教育協会との情報専門職と教育の改革調査プロジェクト（KALIPER プロジェクト）」報告書　2000.
The KALIPER Report *"Educating Library and Information Science Professionals for a New Century"*

観的に，図書館を知ることが大切である。大学教育の中で学生が「図書館学」を学ぶ主な目的・意義を整理すれば，以下である。

（1） 図書館員になる

　繰り返すが，図書館学を学ぶことは図書館員になるための教育・訓練を受けることだけではない。しかし，医学部の学生の多くが医師となることを目指して医学を学ぶように，図書館学を学ぶ多くの学生にとって，目的の第1は，司書資格を取得し図書館に職を得て自己の人生の目的を求めることであろう。

　図書館や情報・資料センターという場は，さまざまな知的生産物が集積する場であり，そこにおいてそれらの収集・蓄積・提供を行うためには，その扱いに関する知識だけではなく，内容についての知識が必要である。その意味で，図書館司書や情報・資料センターの職員には知的生産物の扱いに関する知識に加えて，幅広い領域にわたる知識が要求される。

　また，たとえば，医学図書館の専門職員には，図書館司書としての知識・技術に加えて，医学分野特有の用語，資料を媒体とする医学分野の学術コミュニケーションの実際，利用者の資料要求の特性など，当該分野に固有の知識が要求される。同様に，情報・資料センターにおいては通常，設置目的に即した特定領域の情報・資料が扱われるが，その職員には当該領域に関する体系的な主題知識が要求される。

　このように，図書館職員等を目指す人は，図書館学を学ぶと同時に多様な領域についての知識をも学ぶ必要がある。

　それと同時に，図書館学が知識と技能に加え，働く者の信条・倫理を含むとの見解もある Librarianship ともいわれたように，社会の進展に貢献する図書館等に働く者としての信条，使命感，倫理観を身に付けることが求められる。

　図書館に限らず知識・情報の管理と処理にかかわる職種はさまざまにあり，そうした職種においても，図書館学を学ぶことにより得られる知識と技術は有用であろう。現実に図書館学を冠する課程を修了した人の多くがいわゆる情報産業をはじめ，多種多様な職種に就いている。そうした場合にも扱う情報の領

域に関する体系的な知識，応用力，職業人としての倫理観が要求される。

(2) 生涯学習の基盤的知識・技術を身に付ける

わが国の21世紀の展望を考えるとき，基本的な課題の一つは生涯学習社会の実現である。それは，現代社会の構成員の多くは，大学あるいは大学院までの高度な学校教育を終えた後，自己の職業に関する最新にしてより高度な知識・技術を学び続けなければならない。また，自己判断・自己責任の社会にあっては生活全般に関して的確な知識・情報を自ら獲得することが求められる。このように，生涯の各時期，各領域における人々の学習需要に対応できるソフトとハード両面にわたる社会的な仕組みが求められているからである。

1996年に，文部省の生涯学習審議会社会教育分科審議会は「社会教育主事，学芸員及び司書の養成，研修等の改善方策について（報告）」において，これからの図書館は「地域における生涯学習推進の中核的な拠点として，現代的課題に関する学習の重要性や住民の学習ニーズの高まりに応えて，広範な情報を提供し，自主的な学習を支援する開かれた施設として一層発展することが期待されている」としている。すなわち，館種を問わず図書館は生涯学習の中核的な拠点である。

この図書館にかかわるさまざまな知識と技術を包括する図書館学を学ぶことは，図書館の本質を理解することであり，一利用者として図書館を活用する知識と技術，すなわち生涯学習社会を生きるに必要とされる基盤的な知識・技術を学ぶことであるともいえよう。

(3) 研究者を目指す

いずれの学問分野もそうであるが，研究の基盤は教育によって支えられる。教育の結果として有能な人材が研究者あるいは研究に関心をもつ者として図書館界，図書館学分野に供給され，これら有能な人材が図書館学研究の水準の向上，理論の発展に寄与する。そして新しい研究成果は次世代の教育に反映される。この教育と研究の循環によって学問分野の進展・拡大が行われていく。新

たな問題意識，研究課題，研究方法を模索したり提起をする若く有能な研究者は，「学」の世界に刺激と活気を与える存在として，常に待たれ，歓迎される。図書館にかかわることを学問的に追究しようとする人は，これまでの図書館学にとらわれることなく，新しい研究領域を開拓し，いろいろな方法論を駆使して，図書館学を内容的に豊かにしていく気構えが大切である。

　また，実践の科学である図書館学分野においては，これまでも現場を実務にもつ人によって優れた研究成果が生み出されてきた。現実に基づく問題意識や職務上のノウハウなどは新たな研究や開発の素材でありヒントである。社会人入学制度をもつ大学院も整備されてきていることから，実務経験を経てから大学院に進学し，研究者としての訓練を受けることも考えられる。

　このように図書館学は研究，教育，実務という三つの構成要素が，それぞれ適正に位置付けられ，相互に深くかかわり合うことで発展していくといえる。

参 考 文 献

(ぜひ，読んでほしい参考書)

吉田政幸『図書館・情報メディア双書 11 図書館情報学の課題と展望』勉誠出版　2001　239p.

藤野幸雄『図書館概説 現代の図書館』勉誠社　1998　183p.

悦子・ウイルソン『サンフランシスコ公共図書館 限りない挑戦』日本図書館協会　1995　207p.

ピアス・バトラー著，藤野幸雄訳『図書館学序説』日本図書館協会 1978 135p.

英国図書館情報委員会『新しい図書館：市民のネットワーク』日本図書館協会　2001．

英国文化・メディア・スポーツ省『将来に向けての基本的な考え方：今後10年の図書館・学習・情報』日本図書館協会（近刊）

ピーター・ハーノンほか『図書館の評価を高める』丸善　2002．

図書館用語辞典編集委員会編『最新図書館用語大辞典』柏書房　2004．

薬袋秀樹『図書館運動は何を残したか－図書館員の専門性』勁草書房　2001．

『市民の図書館』日本図書館協会　1970　151p.

日本図書館協会図書館政策特別委員会編『公立図書館の任務と目標解説』改訂版　日本図書館協会　2004　107p.

同　岩波書店　2003　230p.

西崎恵『図書館法』復刻版　日本図書館協会　1970　202p.

日本図書館学会研究委員会編集『日本における図書館行政とその施策』(論集・図書館学研究の歩み　第8集)　1988　207p.

茨城県教育委員会図書館づくりマニュアル作成検討委員会『図書館づくりマニュアル』茨城県教育委員会　2000　147p.

日本図書館情報学会用語辞典編集委員会編『図書館情報学用語辞典』第2版　丸善　2002　273p.

図書館情報学ハンドブック編集委員会編『図書館情報学ハンドブック』第2版　丸善　1999　1145p.

今まど子編『図書館学基礎資料　第六版』樹村房　2006　118p.

R.シャルティエ・G.カヴァツロ編，田村　毅ほか訳『読むことの歴史』大修館書店　2000.

ミッシェル・フーコー著，渡辺一民・佐々木明訳『言葉と物』新潮社　1974.

森　耕一『近代図書館の歩み』至誠堂　1986.

［資料1］ 公立図書館の設置及び運営上の望ましい基準
(平成13年7月18日 文部科学省告示第132号)

1 総則

(1) 趣旨
　① この基準は，図書館法（昭和25年法律第118号）第18条に基づく公立図書館の設置及び運営上の望ましい基準であり，公立図書館の健全な発展に資することを目的とする。
　② 公立図書館の設置者は，この基準に基づき，同法第3条に掲げる事項などの図書館サービスの実施に努めなければならない。

(2) 設置
　① 都道府県は，都道府県立図書館の拡充に努め，住民に対し適切な図書館サービスを行うとともに，図書館未設置の町村が多く存在することも踏まえ，当該都道府県内の図書館サービスの全体的な進展を図る観点に立って，市（特別区を含む。以下同じ。）町村立図書館の設置及び運営に対する指導・助言等を計画的に行うものとする。
　② 市町村は，住民に対して適切な図書館サービスを行うことができるよう，公立図書館の設置（適切な図書館サービスを確保できる場合には，地域の実情により，複数の市町村により共同で設置することを含む。）に努めるとともに，住民の生活圏，図書館の利用圏等を十分に考慮し，必要に応じ分館等の設置や移動図書館の活用により，当該市町村の全域サービス網の整備に努めるものとする。
　③ 公立図書館の設置に当たっては，サービス対象地域の人口分布と人口構成，面積，地形，交通網等を勘案して，適切な位置及び必要な図書館施設の床面積，蔵書収蔵能力，職員数等を確保するよう努めるものとする。

(3) 図書館サービスの計画的実施及び自己評価等
　① 公立図書館は，そのサービスの水準の向上を図り，当該図書館の目的及び社会的使命を達成するため，そのサービスについて，各々適切な「指標」を選定するとともに，これらに係る「数値目標」を設定し，その達成に向けて計画的にこれを行うよう努めなければならない。
　② 公立図書館は，各年度の図書館サービスの状況について，図書館協議会の協力を得つつ，前項の「数値目標」の達成状況等に関し自ら点検及び評価を行うとともに，その結果を住民に公表するよう努めなければならない。

(4) 資料及び情報の収集，提供等
　① 資料及び情報の収集に当たっては，住民の学習活動等を適切に援助するため，住民の高度化・多様化する要求に十分配慮するものとする。
　② 資料及び情報の整理，保存及び提供に当たっては，広く住民の利用に供するため，情報処理機能の向上を図り，有効かつ迅速なサービスを行うことができる体制を整えるよう努めるものとする。
　③ 地方公共団体の政策決定や行政事務に必要な資料及び情報を積極的に収集し，的確に提供するよう努めるものとする。
　④ 都道府県立図書館と市町村立図書館は，それぞれの図書館の役割や地域の特色を踏まえつつ，資料及び情報の収集，整理，保存及び提供について計画的に連携・協力を図るものとする。

(5) 他の図書館及びその他関係機関との連携・協力
　　公立図書館は，資料及び情報の充実に努めるとともに，それぞれの状況に応じ，高度化・多様化する住民の要求に対応するため，資料や情報の相互利用等の協力活動の

積極的な実施に努めるものとする。その際，公立図書館相互の連携（複数の市町村による共同事業を含む。）のみならず，学校図書館，大学図書館等の館種の異なる図書館や公民館，博物館等の社会教育施設，官公署，民間の調査研究施設等との連携にも努めるものとする。

(6) 職員の資質・能力の向上等
① 教育委員会及び公立図書館は，館長，専門的職員，事務職員及び技術職員の資質・能力の向上を図るため，情報化・国際化の進展等に配慮しつつ，継続的・計画的な研修事業の実施，内容の充実など職員の各種研修機会の拡充に努めるものとする。
② 都道府県教育委員会は，当該都道府県内の公立図書館の職員の資質・能力の向上を図るために，必要な研修の機会を用意するものとし，市町村教育委員会は，当該市町村の所管に属する公立図書館の職員をその研修に参加させるように努めるものとする。
③ 教育委員会は，公立図書館における専門的職員の配置の重要性に鑑み，その積極的な採用及び処遇改善に努めるとともに，その資質・能力の向上を図る観点から，計画的に他の公立図書館及び学校，社会教育施設，教育委員会事務局等との人事交流（複数の市町村及び都道府県の機関等との人事交流を含む。）に努めるものとする。

2　市町村立図書館

(1) 運営の基本
市町村立図書館は，住民のために資料や情報の提供等直接的な援助を行う機関として，住民の需要を把握するよう努めるとともに，それに応じ地域の実情に即した運営に努めるものとする。

(2) 資料の収集，提供等
① 住民の要求に応えるため，新刊図書及び雑誌の迅速な確保並びに他の図書館との連携・協力により図書館の機能を十分発揮できる種類及び量の資料の整備に努めるものとする。また，地域内の郷土資料及び行政資料，新聞の全国紙及び主要な地方紙等多様な資料の整備に努めるものとする。
② 多様な種類・内容の視聴覚資料の収集に努めるものとする。
③ 電子資料の作成，収集及び提供並びに外部情報の入手に関するサービス等に努めるものとする。
④ 本館，分館，移動図書館等の資料の書誌データの統一的な整備や，インターネット等を活用した正確かつ迅速な検索システムの整備に努めるものとする。また，貸出の充実を図り，予約制度などにより住民の多様な資料要求に的確に応じるよう努めるものとする。
⑤ 資料の提供等に当たっては，複写機やコンピュータ等の情報・通信機器等の利用の拡大に伴い，職員や利用者による著作権等の侵害が発生しないよう，十分な注意を払うものとする。

(3) レファレンス・サービス等
他の図書館等と連携しつつ，電子メール等の通信手段の活用や外部情報の利用にも配慮しながら，住民の求める事項について，資料及び情報の提供又は紹介などを行うレファレンス・サービスの充実・高度化に努めるとともに，地域の状況に応じ，学習機会に関する情報その他の情報の提供を行うレフェラル・サービスの充実にも努めるものとする。

(4) 利用者に応じた図書館サービス
① 成人に対するサービスの充実に資するため，科学技術の進展や産業構造・労働市場の変化等に的確に対応し，就職，転職，職業能力開発，日常の仕事等のための資料及び情報の収集・提供に努めるものとする。

② 児童・青少年に対するサービスの充実に資するため，必要なスペースを確保するとともに，児童・青少年用図書の収集・提供，児童・青少年の読書活動を推進するための読み聞かせ等の実施，情報通信機器の整備等による新たな図書館サービスの提供，学校等の教育施設との連携の強化等に努めるものとする。
③ 高齢者に対するサービスの充実に資するため，高齢者に配慮した構造の施設の整備とともに，大活字本，拡大読書器などの資料や機器・機材の整備・充実に努めるものとする。また，関係機関・団体と連携を図りながら，図書館利用の際の介助，対面朗読，宅配サービス等きめ細かな図書館サービスの提供に努めるものとする。
④ 障害者に対するサービスの充実に資するため，障害のある利用者に配慮した構造の施設の整備とともに，点字資料，録音資料，手話や字幕入りの映像資料の整備・充実，資料利用を可能にする機器・機材の整備・充実に努めるものとする。また，関係機関・団体と連携を図りながら手話等による良好なコミュニケーションの確保に努めたり，図書館利用の際の介助，対面朗読，宅配サービス等きめ細かな図書館サービスの提供に努めるものとする。
⑤ 地域に在留する外国人等に対するサービスの充実に資するため，外国語資料の収集・提供，利用案内やレファレンス・サービス等に努めるものとする。

(5) 多様な学習機会の提供
① 住民の自主的・自発的な学習活動を援助するため，読書会，研究会，鑑賞会，映写会，資料展示会等を主催し，又は他の社会教育施設，学校，民間の関係団体等と共催するなど，多様な学習機会の提供に努めるとともに，学習活動の場の提供，設備や資料の提供などによりその奨励に努めるものとする。
② 住民の情報活用能力の向上を支援するため，講座等学習機会の提供に努めるものとする。

(6) ボランティアの参加の促進
国際化，情報化等社会の変化へ対応し，児童・青少年，高齢者，障害者等多様な利用者に対する新たな図書館サービスを展開していくため，必要な知識・技能等を有する者のボランティアとしての参加を一層促進するよう努めるものとする。そのため，希望者に活動の場等に関する情報の提供やボランティアの養成のための研修の実施など諸条件の整備に努めるものとする。なお，その活動の内容については，ボランティアの自発性を尊重しつつ，あらかじめ明確に定めておくことが望ましい。

(7) 広報及び情報公開
住民の図書館に対する理解と関心を高め新たな利用者の拡大を図るため，広報紙等の定期的な刊行やインターネット等を活用した情報発信など，積極的かつ計画的な広報活動及び情報公開に努めるものとする。

(8) 職員
① 館長は，図書館の管理運営に必要な知識・経験を有し，図書館の役割及び任務を自覚して，図書館機能を十分発揮させられるよう不断に努めるものとする。
② 館長となる者は，司書となる資格を有する者が望ましい。
③ 専門的職員は，資料の収集，整理，保存，提供及び情報サービスその他の専門的業務に従事し，図書館サービスの充実・向上を図るとともに，資料等の提供及び紹介等の住民の高度で多様な要求に適切に応えるよう努めるものとする。
④ 図書館には，専門的なサービスを実施するに足る必要な数の専門的職員を確保するものとする。
⑤ 専門的職員のほか，必要な数の事務職員又は技術職員を置くものとする。

⑥ 専門的分野に係る図書館サービスの向上を図るため，適宜，外部の専門的知識・技術を有する者の協力を得るよう努めるものとする。
(9) 開館日時等
住民の利用を促進するため，開館日・開館時間の設定にあたっては，地域の状況や住民の多様な生活時間等に配慮するものとする。また，移動図書館については，適切な周期による運行などに努めるものとする。
(10) 図書館協議会
① 図書館協議会を設置し，地域の状況を踏まえ，利用者の声を十分に反映した図書館の運営がなされるよう努めるものとする。
② 図書館協議会の委員には，地域の実情に応じ，多様な人材の参画を得るよう努めるものとする。
(11) 施設・設備
本基準に示す図書館サービスの水準を達成するため，開架・閲覧，収蔵，レファレンス・サービス，集会・展示，情報機器・視聴覚機器，事務管理などに必要な施設・設備を確保するよう努めるとともに，利用者に応じて，児童・青少年，高齢者及び障害者等に対するサービスに必要な施設・設備を確保するよう努めるものとする。

3　都道府県立図書館

(1) 運営の基本
① 都道府県立図書館は，住民の需要を広域的かつ総合的に把握して資料及び情報を収集，整理，保存及び提供する立場から，市町村立図書館に対する援助に努めるとともに，都道府県内の図書館間の連絡調整等の推進に努めるものとする。
② 都道府県立図書館は，図書館を設置していない市町村の求めに応じて，図書館の設置に関し必要な援助を行うよう努めるものとする。
③ 都道府県立図書館は，住民の直接的利用に対応する体制も整備するものとする。
④ 都道府県立図書館は，図書館以外の社会教育施設や学校等とも連携しながら，広域的な観点に立って住民の学習活動を支援する機能の充実に努めるものとする。
(2) 市町村立図書館への援助
市町村立図書館の求めに応じて，次の援助に努めるものとする。
ア　資料の紹介，提供を行うこと。
イ　情報サービスに関する援助を行うこと。
ウ　図書館の資料を保存すること。
エ　図書館運営の相談に応じること。
オ　図書館の職員の研修に関し援助を行うこと。
(3) 都道府県立図書館と市町村立図書館とのネットワーク
都道府県立図書館は，都道府県内の図書館の状況に応じ，コンピュータ等の情報・通信機器や電子メディア等を利用して，市町村立図書館との間に情報ネットワークを構築し，情報の円滑な流通に努めるとともに，資料の搬送の確保にも努めるものとする。
(4) 図書館間の連絡調整等
① 都道府県内の図書館の相互協力の促進や振興等に資するため，都道府県内の図書館で構成する団体等を活用して，図書館間の連絡調整の推進に努めるものとする。
② 都道府県内の図書館サービスの充実のため，学校図書館，大学図書館，専門図書館，他の都道府県立図書館，国立国会図書館等との連携・協力に努めるものとする。
(5) 調査・研究開発
都道府県立図書館は，図書館サービスを効果的・効率的に行うための調査・研究開

発に努めるものとする。特に，図書館に対する住民の需要や図書館運営にかかわる地域の諸条件の調査・分析・把握，各種情報機器の導入を含めた検索機能の強化や効率的な資料の提供など住民の利用促進の方法等の調査・研究開発に努めるものとする。

(6) 資料の収集，提供等

都道府県立図書館は，**3** の(9)により準用する **2** の(2)に定める資料の収集，提供等のほか，次に掲げる事項の実施に努めるものとする。

　ア　市町村立図書館等の要求に十分応えられる資料の整備

　イ　高度化・多様化する図書館サービスに資するための，郷土資料その他の特定分野に関する資料の目録，索引等の作成，編集及び配布

(7) 職員

都道府県立図書館は，**3** の(9)により準用する **2** の(8)に定める職員のほか，**3** の(2)から(6)までに掲げる機能に必要な職員を確保するよう努めるものとする。

(8) 施設・設備

都道府県立図書館は，**3** の(9)により準用する **2** の(11)に定める施設・設備のほか，次に掲げる機能に必要な施設・設備を備えるものとする。

　ア　研修

　イ　調査・研究開発

　ウ　市町村立図書館の求めに応じた資料保存等

(9) 準用

市町村立図書館に係る **2** の(2)から(11)までの基準は，都道府県立図書館に準用する。

[資料2]　　　　　　図　書　館　法

（改正　昭和25年4月30日法律第118号
　　　　平成11年12月22日法律第160号）

第1章　総　則
（この法律の目的）

第1条　この法律は，社会教育法（昭和24年法律第207号）の精神に基き，図書館の設置及び運営に関して必要な事項を定め，その健全な発展を図り，もって国民の教育と文化の発展に寄与することを目的とする。

（定　義）

第2条　この法律において「図書館」とは，図書，記録その他必要な資料を収集し，整理し，保存して，一般公衆の利用に供し，その教養，調査研究，レクリエーション等に資することを目的とする施設で，地方公共団体，日本赤十字社又は民法（明治29年法律第89号）第34条の法人が設置するもの（学校に附属する図書館又は図書室を除く。）をいう。

② 前項の図書館のうち，地方公共団体の設置する図書館を公立図書館といい，日本赤十字社又は民法第34条の法人の設置する図書館を私立図書館という。

（図書館奉仕）

第3条　図書館は，図書館奉仕のため，土地の事情及び一般公衆の希望にそい，更に学校教育を援助し得るように留意し，おおむね左の各号に掲げる事項の実施に努めなければならない。

1　郷土資料，地方行政資料，美術品，レコード，フィルムの収集にも十分留意して，図書，記録，視覚聴覚教育の資料その他必要な資料（以下「図書館資料」という。）を収集し，一般公衆の利用に供すること。

2　図書館資料の分類排列を適切にし，及びその目録を整備すること。

3　図書館の職員が図書館資料について十分な知識を持ち，その利用のための相談に応ずるようにすること。

4　他の図書館，国立国会図書館，地方公共団体の議会に附置する図書室及び学校に附属する図書館又は図書室と緊密に連絡し，協力し，図書館資料の相互貸借を行うこと。

5　分館，閲覧所，配本所等を設置し，及び自動車文庫，貸出文庫の巡回を行うこと。

6　読書会，研究会，鑑賞会，映写会，資料展示会等を主催し，及びその奨励を行うこと。

7　時事に関する情報及び参考資料を紹介し，及び提供すること。

8　学校，博物館，公民館，研究所等と緊密に連絡し，協力すること。

（司書及び司書補）

第4条　図書館に置かれる専門的職員を司書及び司書補と称する。

② 司書は，図書館の専門的事務に従事する。

③ 司書補は，司書の職務を助ける。

（司書及び司書補の資格）

第5条　左の各号の一に該当する者は，司書となる資格を有する。

1　大学又は高等専門学校を卒業した者で第6条の規定による司書の講習を修了したもの

2　大学を卒業した者で大学において図書館に関する科目を履修したもの

3　3年以上司書補（国立国会図書館又は大学若しくは高等専門学校の附属図書館の職員で司書補に相当するものを

含む。）として勤務した経験を有する者で第6条の規定による司書の講習を修了したもの
② 左の各号のいずれかに該当する者は，司書補となる資格を有する。
1 司書の資格を有する者
2 高等学校若しくは中等教育学校を卒業した者又は高等専門学校第3学年を修了した者で第6条の規定による司書補の講習を修了したもの

（司書及び司書補の講習）
第6条 司書及び司書補の講習は，大学が，文部科学大臣の委嘱を受けて行う。
② 司書及び司書補の講習に関し，履修すべき科目，単位その他必要な事項は，文部科学省令で定める。ただし，その履修すべき単位数は，15単位を下ることができない。
第7条 削除（昭和31法163）

（協力の依頼）
第8条 都道府県の教育委員会は，当該都道府県内の図書館奉仕を促進するために，市（特別区を含む。以下同じ。）町村の教育委員会に対し，総合目録の作製，貸出文庫の巡回，図書館資料の相互貸借等に関して協力を求めることができる。

（公の出版物の収集）
第9条 政府は，都道府県の設置する図書館に対し，官報その他一般公衆に対するこう報の用に供せられる印刷局発行の刊行物を2部提供するものとする。
② 国及び地方公共団体の機関は，公立図書館の求めに応じ，これに対して，それぞれの発行する刊行物その他の資料を無償で提供することができる。

第2章　公立図書館
（設　置）
第10条 公立図書館の設置に関する事項は，当該図書館を設置する地方公共団体の条例で定めなければならない。
第11条 削除（昭42法120）
第12条 削除（昭60法90）

（職　員）
第13条 公立図書館に館長並びに当該図書館を設置する地方公共団体の教育委員会が必要と認める専門的職員，事務職員及び技術職員を置く。
② 館長は，館務を掌理し，所属職員を監督して，図書館奉仕の機能の達成に努めなければならない。

（図書館協議会）
第14条 公立図書館に図書館協議会を置くことができる。
② 図書館協議会は，図書館の運営に関し館長の諮問に応ずるとともに，図書館の行う図書館奉仕につき，館長に対して意見を述べる機関とする。
第15条 図書館協議会の委員は，学校教育及び社会教育の関係者，並びに学識経験のある者の中から，教育委員会が任命する。
第16条 図書館協議会の設置，その委員の定数，任期その他必要な事項については，当該図書館を設置する地方公共団体の条例で定めなければならない。

（入館料等）
第17条 公立図書館は，入館料その他図書館資料の利用に対するいかなる対価をも徴収してはならない。

（公立図書館の基準）
第18条 文部科学大臣は，図書館の健全な発達を図るために，公立図書館の設置及び運営上望ましい基準を定め，これを教育委員会に提出するとともに一般公衆に対して示すものとする。

（国庫補助を受けるための公立図書館の基準）
第19条 削除（平11法87）

（図書館の補助）
第20条　国は，図書館を設置する地方公共団体に対し，予算の範囲内において，図書館の施設，設備に要する経費その他必要な経費の一部を補助することができる。
② 前項の補助金の交付に関し必要な事項は，政令で定める。
第21条　削除（平11法87）
第22条　削除（昭34法158）
第23条　国は，第20条の規定による補助金の交付をした場合において，左の各号の一に該当するときは，当該年度におけるその後の補助金の交付をやめるとともに，既に交付した当該年度の補助金を返還させなければならない。
　1　図書館がこの法律の規定に違反したとき。
　2　地方公共団体が補助金の交付の条件に違反したとき。
　3　地方公共団体が虚偽の方法で補助金の交付を受けたとき。

第3章　私立図書館

第24条　削除（昭42法120）
（都道府県の教育委員会との関係）
第25条　都道府県の教育委員会は，私立図書館に対し，指導資料の作製及び調査研究のために必要な報告を求めることができる。
② 都道府県の教育委員会は，私立図書館に対し，その求めに応じて，私立図書館の設置及び運営に関して，専門的，技術的な指導又は助言を与えることができる。
（国及び地方公共団体との関係）
第26条　国及び地方公共団体は，私立図書館の事業に干渉を加え，又は図書館を設置する法人に対し，補助金を交付してはならない。
第27条　国及び地方公共団体は，私立図書館に対し，その求めに応じて，必要な物資の確保につき，援助を与えることができる。
（入館料等）
第28条　私立図書館は，入館料その他図書館資料の利用に対する対価を徴収することができる。
（図書館同種施設）
第29条　図書館と同種の施設は，何人もこれを設置することができる。
② 第25条第2項の規定は，前項の施設について準用する。

　　　　　附　則(略)

[資料3]　　　ユネスコ公共図書館宣言1994年
UNESCO Public Library Manifesto1994
1994年11月採択　原文：英語

社会と個人の自由，繁栄および発展は人間にとっての基本的価値である。このことは，十分に情報を得ている市民が，その民主的権利を行使し，社会において積極的な役割を果たす能力によって，はじめて達成される。建設的に参加して民主主義を発展させることは，十分な教育が受けられ，知識，思想，文化および情報に自由かつ無制限に接し得ることにかかっている。

地域において知識を得る窓口である公共図書館は，個人および社会集団の生涯学習，独自の意思決定および文化的発展のための基本的条件を提供する。

この宣言は，公共図書館が教育，文化，情報の活力であり，男女の心の中に平和と精神的な幸福を育成するための必須の機関である，というユネスコの信念を表明するものである。

したがって，ユネスコは国および地方の政府が公共図書館の発展を支援し，かつ積極的に関与することを奨励する。

公 共 図 書 館

公共図書館は，その利用者があらゆる種類の知識と情報をたやすく入手できるようにする，地域の情報センターである。

公共図書館のサービスは，年齢，人種，性別，宗教，国籍，言語，あるいは社会的身分を問わず，すべての人が平等に利用できるという原則に基づいて提供される。理由は何であれ，通常のサービスや資料の利用ができない人々，たとえば言語上の少数グループ（マイノリティ），障害者，あるいは入院患者や受刑者に対しては，特別なサービスと資料が提供されなければならない。

いかなる年齢層の人々もその要求に応じた資料を見つけ出せなければならない。蔵書とサービスには，伝統的な資料とともに，あらゆる種類の適切なメディアと現代技術が含まれていなければならない。質の高い，地域の要求や状況に対応できるものであることが基本的要件である。資料には，人間の努力と想像の記憶とともに，現今の傾向や社会の進展が反映されていなければならない。

蔵書およびサービスは，いかなる種類の思想的，政治的，あるいは宗教的な検閲にも，また商業的な圧力にも屈してはならない。

公共図書館の使命

情報，識字，教育および文化に関連した以下の基本的使命を公共図書館サービスの核にしなければならない。

1. 幼い時期から子供たちの読書習慣を育成し，それを強化する。
2. あらゆる段階での正規の教育とともに，個人的および自主的な教育を支援する。
3. 個人の創造的な発展のための機会を提供する。
4. 青少年の想像力と創造性に刺激を与える。
5. 文化遺産の認識，芸術，科学的な業績や革新についての理解を促進する。
6. あらゆる公演芸術の文化的表現に接しうるようにする。
7. 異文化間の交流を助長し，多様な文化が存立できるようにする。
8. 口述による伝承を援助する。
9. 市民がいかなる種類の地域情報をも入手できるようにする。
10. 地域の企業，協会および利益団体に対して適切な情報サービスを行う。
11. 容易に情報を検索し，コンピューターを駆使できるような技能の発達を促す。
12. あらゆる年齢層の人々のための識字活動とその計画を援助し，かつ，それに参加し，必要があれば，こうした活動を発足させる。

財政，法令，ネットワーク

◆ 公共図書館は原則として無料とし，地方および国の行政機関が責任を持つものとする。それは特定の法令によって維持され，国および地方自治体により経費が調達されなければならない。公共図書館は，文化，情報提供，識字および教育のためのいかなる長期政策においても，主要な構成要素でなければならない。

◆ 図書館の全国的な調整および協力を確実にするため，合意された基準に基づく全国的な図書館ネットワークが，法令および政策によって規定され，かつ推進されなければならない。

◆ 公共図書館ネットワークは，学校図書館や大学図書館だけでなく，国立図書館，地域の図書館，学術研究図書館および専門図書館とも関連して計画されなければならない。

運営と管理

◆ 地域社会の要求に対応して，目標，優先順位およびサービス内容を定めた明確な方針が策定されなければならない。公共図書館は効果的に組織され，専門的な基準によって運営されなければならない。

◆ 関連のある協力者，たとえば利用者グループおよびその他の専門職との地方，地域，全国および国際的な段階での協力が確保されなければならない。

◆ 地域社会のすべての人々がサービスを実際に利用できなければならない。それには適切な場所につくられた図書館の建物，読書および勉学のための良好な施設とともに，相応な技術の駆使と利用者に都合のよい十分な開館時間の設定が必要である。同様に図書館に来られない利用者に対するアウトリーチ・サービスも必要である。

◆ 図書館サービスは，農村や都会地といった異なる地域社会の要求に対応させなければならない。

◆ 図書館員は利用者と資料源との積極的な仲介者である。適切なサービスを確実に行うために，図書館員の専門教育と継続教育は欠くことができない。

◆ 利用者がすべての資料源から利益を得ることができるように，アウトリーチおよび利用者教育の計画が実施されなければならない。

宣言の履行

国および地方自治体の政策決定者，ならびに全世界の図書館界が，この宣言に表明された諸原則を履行することを，ここに強く要請する。

* * *

この宣言は，国際図書館連盟（IFLA）の協力のもとに起草された。

＊この宣言の訳出にあたっては，長倉美恵子氏（東京学芸大学教授）の翻訳原稿をもとに，JLA 国際交流委員会の意見を反映させた。

さくいん

あ

アーカート，J. 146
アーキュビスト 150
アイデア・ストア 50
アクセスか所蔵か 14
アクセスの確保 33
アメリカ図書館協会　152, 159

い

井内慶次郎 102
イギリス図書館協会　153, 159
市川清流 142
移動図書館 5, 57, 58
今沢慈海 143
印刷メディア 32
インターネット 6, 146
インターネット元年 41
インフォメーション・サーチャー 150

う

ウイリアムソン報告 152
ウインザー，J. 139, 141
ウェブ 6

え，お

MCL（宮崎市民図書館）ボランティア 63

NPO 法 63
NIST 構想 107
英国図書館文献提供センター 146
閲覧者 36
エドワード・エドワーズ 141
王侯図書館 131
大阪市立西淀川図書館 115
公の施設 99
お話し会 27
オンライン目録 41

か

会員制図書館 134
外国雑誌センター館 125
『海賊』 132
会費制図書館 13
学習情報のデジタル化 4
学術情報システム 107
学術情報センター 107
貸出密度 58
貸本屋 133
学校区図書館 136
学校司書 74
学校図書館 2, 71
学校図書館司書教諭講習会 154
学校図書館資源共有ネットワーク事業 107

学校図書館職員 157
学校図書館図書整備5か年計画 107
学校図書館法 3, 94, 119, 153
カッター，A. 141
壁のない図書館 25
カリブ海諸国大学・研究所図書館協会 159
カリマコス 8, 130
管理委託制度 35

き

機械可読目録 146
議会図書館 86
ギゾー法 140
キュレーター 150
教育委員会 111
教育基本法 91
［共同］分担目録作業 124
共同利用 9
京都大学 48
協力貸出し 123
協力車 123
協力レファレンス 123

く

グーグル 40
グーテンベルク 8, 131
久保輝巳 164
久米邦武 142
グレード制 152

け

慶應義塾大学　171
携帯サイトサービス　41
ケニオン報告　141
研究会　157
研修会　157
憲法　90

こ

広域　121
公貸権制度　96
公共財　16
公共貸与権　65
公共図書館　4，139
公共図書館員　156
公共図書館資料相互貸借指針　122
高知子ども図書館　5，63
高等専門学校図書館　70
公文書館法　129
公民館　109，127
公立図書館行政　113
公立図書館の設置及び運営上の望ましい基準　118
コーネル大学　48
コーヒーハウス　133
顧客　37
国際学校図書館協会　159
国際子ども図書館　85
国際十進分類法　145
国際児童図書評議会　159
国際書誌学会　145
国際逐次刊行物番号　79

国際ドキュメンテーション連盟　159
国際図書館連盟　79，145，146，158，159
国際図書館書誌委員会　146
国立国会図書館　79，104
国立国会図書館関西館　84
国立国会図書館総合目録ネットワーク　124
国立国会図書館法　92
国立図書館　87，137
国立図書館調査委員会　146
子どもの読書活動の推進に関する法律　96
コミュニティ　10
コンサルタント会社　112

さ

佐野友三郎　143

し

CIE 図書館　144
資格認定大学院一覧　174
資格付与制度　148
資源共有　14
資源（料）リンキング　48
事実情報　147
司書　150，153
司書・司書補講習会　154
司書教諭　154，157
司書補　153
司書養成教育　153

システム　30
施設整備補助事業　109
指定管理者制度　35，63
児童サービスへ　2
自動車図書館　5，57，58
『市民の図書館』　57，144
使命　39
シャープ，K.　142
社会教育行政　109
社会教育法　97
社会的包摂　28
ジャパン・ライブラリースクール　171
集書院　142
集中目録作業　124
ジュエット，C.　141
首長部局　111
シュレティンガー，M.　167
生涯学習　111
生涯学習推進センター　127
生涯学習センター　127
情報　8
情報・システム機構国立情報学研究所　123
情報化　43
情報科学　172
情報学　172
情報景観　34
情報政策　104
情報ネットワーク社会　147
情報メディア　8

職場内研修　157
書誌コントロール　126
書誌調整　126
書誌ユーティリティ　124
書籍館　142
ジョンソン，サミュエル
　　　　132

す，せ

ステークホルダー
　　　　31，35，38，39
ストーリーテリング　27
スパフォード　138
スマーク兄弟　137
世界書誌調整　146
世界文献利用　146
全国公共図書館協議会
　　　　122
潜在的利用者　37
全文情報　147
全米収書目録計画　12，125
専門職司書　160
専門図書館　6，77

そ

総合学習の時間　3，75
総合目録　15，86，124
総合目録データベース　15
相互運用性　45，46
相互協力　15
ソーシャル・ライブラリー
　　　　136
ソルボンヌ学寮　130

た

第一線図書館　120
大英図書館　86
大学図書館　3，66，139
大学図書館関係法規　94
大学図書館基準　67，70
大学図書館職員　157
第二線図書館　120
ダウンズ勧告　144
田中稲城　142
田中不二麻呂　142
短期大学図書館　68

ち

地域支援サービス　112
地教行法　100
知識　8
地方教育行政の組織及び運営に関する法律（地教行法）　100
地方公共団体行政　112
地方自治法　99
『中小都市における公共図書館の運営』　57，144
中小レポート　144
中世大学図書館　130
著作権法　95

て

ディドロ・ダランベール
　　　　131
データ　8
データベース　4

デジタル・コンテンツ
　　　　18，44
デジタルアーカイビング
　　　　129
デジタル岡山大百科　129
デジタル化　43
鉄筋造りの図書館　137
デューイ，ジョン　72
電子辞書　42
電子ジャーナル　26，147
電子図書館　18，43
電子図書館サービス　43
デンバー公共図書館　39
デンマーク図書館協会
　　　　160

と

東南アジア図書館員会議
　　　　159
東部・中部・南部アフリカ図書館員常任会議　159
登録率　1
ドキュメンタリスト　150
ドキュメンテーション活動
　　　　145，170
読書層　132
図書館員の資質　148
図書館員の倫理綱領
　　　　157，196
図書館学　172
図書館間相互貸借　15，122
図書館協議会　38
図書館行政　104，111，112
図書館協力　116

図書館コンソーシアム　14, 117
図書館システム　116
図書館情報学　171, 172
図書館情報大学　171
図書館職員　34, 149
図書館資料　32
図書館専門団体　158
図書館相互利用　123
図書館短期大学　171
図書館友の会　39
図書館ネットワーク　14, 116
図書館の価値　19
図書館の権利宣言　22
図書館の公開　133
図書館の自由　21
図書館の自由に関する宣言　22
図書館の補助　61
図書館法　38, 55, 93, 100, 117
図書館ポータル　46
図書館利用者　36
図書資料　32
都道府県域　121
トマス・ブレイ　134, 135

な行

日本図書館協会　114, 143, 159, 161
日本文庫協会　143, 161
ネットワーク情報資源　6, 27
納本制度　82, 131
納本図書館　92
望ましい基準　60

は

ハイブリッド図書館プロジェクト　85
ハイブリッド・ライブラリー　1, 25, 46
バイロン　132
博物館　128
パトナム　138
パニッツィ　13, 137
パブリック・ライブラリー　51

ひ

PFI 法　63
非競合性　17
非定型学習　3
非図書資料　32
ピナケス　130
非排除性　17
『百科全書』　131

ふ

ファーミントンプラン　125
ファクト情報　147
フィラデルフィア図書館会社　135
プール, W. F.　141
フェリー法　140
福沢諭吉　142
ブックスタート　2, 65
ブックモービル　5
プリーストリ, J.　134
フルテキスト情報　147
ブレイ図書館　135
ブロッフィー　11
文献送付サービス　122
文庫運動　2
文書館　128
分担収集　125
分担保存　126
フンボルト兄弟　139

へ, ほ

ベンジャミン・フランクリン　135
法定納本制度　12
ポール・オトレ　145
ボストン・アセニアム　136

ま行

マクドノウ　8
マザラン図書館　133
マセ, J.　140
マルチメディア　42
ミハイロフ, A. I.　172
ムーディ　133
無料制　59
目賀田種太郎　142
メタデータ　44
メルヴィル・デューイ　141, 152, 168
文書館　29, 128, 143

森耕一 53
文部科学省 104
文部省図書館員養成所 143

ゆ

ユアート，W. 141

湯浅吉郎 143
ゆにかねっと 124
ユビキタス社会 41

ら 行

ランガナータン 13
リーズ・ライブラリー 134

利用者 36
リンキング 48
倫理綱領 157
レフェラルサービス 123

わ

和田万吉 143

欧文さくいん

A access vs. holding 14
　ACURIL 159
　ALA 152, 159
　American Library Association 159
　Association of Caribbean University and Research Libraries 159
B Bibliotèque nationale 87
　BL 87
　BLDSC 146
　British Library 87
C CIE 図書館 144
　CILIP 159
　client 36
　Conference of South-East Asian Librarians 159
　CONSAL 159
D Danmarks Biblioteksforening 160
　DB 160
F FID 159
I IASL 159

　IBBY 159
　IFLA 79, 145, 146, 159
　ILBC 146
　information landscape 34
　International Association of School Librarianship 159
　International Board on Books for Young People 159
　International Federation for Documentation 159
　International federation of Library Association 159
　Iron Library 137
　ISSN 79
J Japan Library Association 159
　JLA 159
　Journal de sçavans 131
L LA 153, 159
　LC 86
　LC MARC 86
　Library Association 159

Library of Congress　86
library without walls　25
M　MARC　146
　　MARC21　86
　　MCL ボランティア　63
　　MyLibrary　48
N　NII　123
　　NPO 法　63
　　NIST 構想　107
O　OCLC　146
　　OPAC　41
P　patron　36
　　PFI 法　63
　　Philosophical Transaction　131
R　reader　36
　　RLIN　146

S　SCECSAL　159
　　SPC　63
　　Standing Conference of Eastern, Central and Southern African Librarians　159
U　UAP　146
　　UBC　146
　　UDC　145
　　UNESCO Public Library Manifesto　52
　　US/MARC　86
　　UTLAS　146
W　WARP　87
　　Web　6
　　WLIN　146

シリーズ監修者

高山正也　国立公文書館館長
　　　　　慶應義塾大学名誉教授

植松貞夫　筑波大学教授

執　筆　者

植松貞夫（うえまつ・さだお）

- 1948　茅ヶ崎市に生まれる
- 1974　東京大学大学院工学系研究科建築学専攻修士課程修了
　　　　図書館情報大学助手，助教授，教授，副学長，筑波大学図書館情報専門学群長を経て
- 現在　大学院図書館情報メディア研究科教授
- 主著　『建築設計資料集成（教育・図書）』（共著）丸善，『建築から図書館を見る』勉誠出版，『講座 図書館の理論と実際 第8巻 コミュニティと図書館』（共著）雄山閣　ほか

志保田務（しほた・つとむ）

- 1963　関西大学法学部卒業
　　　　同文学部教育学科で図書館学を学ぶ
　　　　図書館情報大学大学院情報メディア研究科後期博士課程修了。博士（図書館情報学）
- 1965　大阪府立中央図書館（現在学術情報センター）勤務
- 1978　桃山学院大学社会学部助教授，同教授，同大学文学部教授，アリゾナ大学客員研究員を経て
- 現在　桃山学院大学名誉教授，放送大学客員教授，京都大学兼任講師，日本図書館情報学会理事
- 主著　『資料組織法』，『図書館と情報機器・特論』，『分類・目録法入門』（以上，第一法規：共著），『情報サービス』，『資料メディア総論』，『NCR プログラム式演習と基本概念の分析』，『芥川龍之介の読書遍歴』（以上，学芸図書：共著）ほか多数
- 1990　『永井荷風の読書遍歴』（荒竹出版；共著）により第4回「物集索引賞」受賞

寺田光孝（てらだ・みつたか）

- 1943　滋賀県に生まれる
- 1967　早稲田大学第一文学部西洋哲学専攻卒業
- 1970　早稲田大学大学院文学研究科仏文中退
- 1971　図書館短期大学特別養成課程修了
- 1971　一橋大学経済研究所資料室・一橋大学附属図書館勤務
- 1976　図書館短期大学助手
- 1981　図書館情報大学助手（同講師・助教授）
- 現在　筑波大学名誉教授
- 著書　『図書館の歴史』（共著）日外アソシエーツ『世界の図書館』（編著）勉誠出版　ほか

永田治樹（ながた・はるき）

- 1966　名古屋大学経済学部経済学科卒業
　　　　名古屋大学大学院経済学研究科（社会思想史専攻）修士課程修了
　　　　名古屋大学附属図書館・国文学研究資料館・東京大学情報図書館学研究センター・文献情報センター・附属図書館，金沢大学附属図書館，北海道大学事務局などに勤務，その後，図書館情報大学助教授，教授を経て
- 現在　筑波大学名誉教授
- 主著　『学術情報と図書館』（丸善）『図書館の評価を高める：顧客満足とサービス品質』（訳）（丸善）『新しい図書館：市民のネットワーク』（共訳）（日本図書館協会）『利用者・住民の選好意識と公共図書館サービスの評価』（共著）（筑波大学知的コミュニティ基盤研究センター）ほか

薬袋秀樹（みない・ひでき）

- 1970　慶應義塾大学経済学部卒業
- 1972　慶應義塾大学文学部図書館・情報学科卒業
- 1983　東京都立日比谷図書館，東京都立中央図書館勤務
　　　　東京大学大学院教育学研究科博士課程中退
　　　　図書館情報大学助手，助教授，教授（生涯学習研究教育センター長併任）
- 現在　日本図書館情報学会理事，常務理事（『日本図書館情報学会誌』編集委員長），日本図書館協会評議員等を歴任
　　　　筑波大学大学院図書館情報メディア研究科教授
- 主著　『図書館運動は何を残したか』勁草書房　ほか多数

森山光良（もりやま・みつよし）

- 1960　岡山県笠岡市に生まれる
　　　　東京都立大学経済学部卒業
　　　　岡山大学大学院文化科学研究科博士課程単位取得退学
　　　　国立国会図書館総務部情報処理課参事，岡山県公立学校教諭，岡山県総合文化センター司書，岡山県生涯学習センター指導主事を経て
- 現在　岡山県立図書館メディア・協力課メディア班長
　　　　国立国会図書館編集企画員

改訂第 3 刷(平成19年 2 月)の [追加・訂正]

第 4 章 − 1 − (4)(p.96)に
　c．文字・活字文化振興法……を追加
第 1 章そのほかで「統計数」など……適宜修正

新・図書館学シリーズ 1
改訂　図書館概論

平成10年 3 月31日　　初版発行
平成16年 9 月 5 日　　第 7 刷
平成17年 2 月25日　　改訂第 1 刷
平成23年 2 月24日　　改訂第 7 刷

著者ⓒ　植　松　貞　夫
　　　　志　保　田　　務
　　　　寺　田　光　孝
　　　　永　田　治　樹
　　　　薬　袋　秀　樹
　　　　森　山　光　良

検印廃止

発行者　大　塚　栄　一

発行所　株式会社　樹村房
　　　　　　　　JUSONBO

〒102-0002　東京都文京区小石川5丁目11番 7 号
　　　電　話　東　京 (03) 3868-7321(代)
　　　F A X　東　京 (03) 6801-5202
　　　　　　http://www.jusonbo.co.jp/
　　　振替口座　00190-3-93169

製版印刷・亜細亜印刷／製本・愛千製本

ISBN978-4-88367-081-9
乱丁・落丁本はお取り換えいたします。

樹村房

高山正也
植松貞夫 監修 **新・図書館学シリーズ**

＊は編集責任者 （A5判）

① 改訂 図書館概論	＊植松 貞夫　寺田 光孝　薬袋 秀樹	志保田 務　永田 治樹　森山 光良	1,995円（税込）
② 改訂 図書館経営論	＊高山 正也　岸田 和明　村田 文生	加藤 修子　田窪 直規	1,995円（税込）
③ 改訂 図書館サービス論	＊高山 正也　斎藤 泰則　宮部 頼子	池内 淳　阪田 蓉子	1,995円（税込）
④ 改訂 情報サービス概説	＊渋谷 嘉彦　杉江 典子	大庭 一郎　梁瀬 三千代	1,995円（税込）
⑤ 改訂 レファレンスサービス演習	＊木本 幸子　堀込 静香	原田 智子　三浦 敬子	1,995円（税込）
⑥ 三訂 情報検索演習	＊原田 智子　小山 憲司	江草 由佳　澤井 清	1,995円（税込）
⑦ 改訂 図書館資料論	＊平野 英俊　岸田 和明	岸 美雪　村上 篤太郎	1,995円（税込）
⑧ 改訂 専門資料論	＊戸田 光昭　澤井 清　仁上 幸治	金 容媛　玉手 匡子	1,995円（税込）
⑨ 三訂 資料組織概説	＊田窪 直規　小林 康隆　山崎 久道	岡田 靖　村上 泰子　渡邊 隆弘	1,995円（税込）
⑩ 三訂 資料組織演習	＊岡田 靖　菅原 春雄　渡部 満彦	榎本裕希子　野崎 昭雄	1,995円（税込）
⑪ 改訂 児童サービス論	＊中多 泰子　宍戸 寛	汐﨑 順子	1,995円（税込）
⑫ 図書及び図書館史	＊寺田 光孝　村越 貴代美	加藤 三郎	1,995円（税込）
資料分類法及び演習 第二版	＊今 まど子	西田 俊子	1,995円（税込）

司書・学芸員をめざす人への 生涯学習概論	＊大堀 哲　中村 正之　村田 文生	高山 正也　西川 万文	1,995円（税込）
生涯学習・社会教育概論	稲生 勁吾	編著	1,890円（税込）
図書館学基礎資料 第十版	今 まど子	編著	1,050円（税込）
改訂 視聴覚メディアと教育	佐賀 啓男	編著	1,995円（税込）

志村尚夫 監修 学校図書館 実践テキストシリーズ　1999年完成　全5巻（A5判）

1. 情報メディアの意義と活用　　大串夏身 編著　1,890円（税込）
   井口磯夫　志村尚夫　高橋昇　田中均　中山伸一　森田信一
2. 学校図書館メディアの構成　　志村尚夫 編著　1,890円（税込）
   石田嘉和　井上靖代　鳴海敦子　山中秀夫　山本貴子　吉田憲一
3. 改訂 学校経営と学校図書館　　福永義臣 編著　1,890円（税込）
   紺野順子
4. 学習指導と学校図書館　　朝比奈大作 編著　1,890円（税込）
   下村陽子　堀川照代
5. 読書と豊かな人間性　　赤星隆子 編著　1,890円（税込）
   荒井督子　菅田紀代子　高梨佐智子　皆川美恵子　渡谷京子

古賀節子 監修 司書教諭テキストシリーズ　2002年完成　全5巻（A5判）

1. 学校経営と学校図書館　　古賀節子 編集　1,943円（税込）
   北本正章　古賀節子　東海林典子　天道佐津子　中島正明　林孝
   平久江祐司　八木澤壯一　渡辺信一
2. 学校図書館メディアの構成　　小田光宏 編集　1,943円（税込）
   小田光宏　齋藤康江　髙橋知尚　野末俊比古　村上泰子
3. 学習指導と学校図書館　　堀川照代 編集　1,943円（税込）
   河西由美子　斎藤陽子　東海林典子　福永智子　堀川照代　山内祐平
4. 読書と豊かな人間性　　朝比奈大作 編集　1,943円（税込）
   朝比奈大作　池田茂都枝　蔵元和子　小林功
5. 情報メディアの活用　　井口磯夫 編集　1,943円（税込）
   安達一寿　井口磯夫　成田雅博　野末俊比古　波多野和彦　村山功

株式会社　樹村房
JUSONBO